Tanya Oliveira

Duda
A REENCARNAÇÃO
DE UMA CACHORRINHA

Tanya Oliveira

Duda
A REENCARNAÇÃO DE UMA CACHORRINHA

DUDA, A REENCARNAÇÃO DE UMA CACHORRINHA
Tanya Oliveira
Copyright @ 2010-2022 by Lúmen Editorial Ltda.

7ª edição - Janeiro de 2022

Coordenação editorial: *Ronaldo A. Sperdutti*
Assistente editorial: *Fernanda Rizzo Sanchez*
Preparação de originais: *Alessandra Miranda de Sá*
Projeto Gráfico e Capa: *Estúdio Japiassu Reis*
Impressão: *AR Fernandez Gráfica*

Dados Internacionais de Catalogação na Publicação (CIP)
(Câmara Brasileira do Livro, SP, Brasil)

Oliveira, Tanya
  Duda, a reencarnação de uma cachorrinha / Tanya Oliveira. -- São Paulo : Lúmen, 2010.

  ISBN 978-85-7813-035-0

  1. Animais de estimação 2. Espiritismo 3. Reencarnação I. Título.

10-10791   CDD-133.93

Índices para catálogo sistemático:
1. Experiências espíritas : Espiritismo 133.93

LÚMEN
EDITORIAL

Av. Porto Ferreira, 1031 | Parque Iracema
CEP 15809-020 | Catanduva-SP
17 3531.4444

www.lumeneditorial.com.br | atendimento@lumeneditorial.com.br
www.boanova.net | boanova@boanova.net

Proibida a reprodução total ou parcial desta obra sem prévia autorização da editora
Impresso no Brasil - *Printed in Brazil*
7-01-22-1.000-19.450

Gostaria de dividir estas singelas recordações com os
que amam os animais, com os que perderam algum
dia um querido amigo com patas e com espíritos
sensíveis que creem que a Criação Divina
não prevê privilégios para nenhum ser.
A infinita bondade de Deus não permite que, nem
mesmo para os animais, exista um fim.

Tanya Oliveira

"Chegará o dia em que os homens conhecerão o íntimo dos animais e, nesse dia, um crime contra qualquer um deles será considerado um crime contra a humanidade."
Leonardo da Vinci

"Não me interessa nenhuma religião cujos princípios não melhoram nem tomam em consideração as condições dos animais."
Abraham Lincoln

"A civilização de um povo se avalia pela forma como trata seus animais."
A. Humbold

"Quando o homem aprender a respeitar até o menor ser da criação, seja animal ou vegetal, ninguém precisará ensiná-lo a amar seu semelhante."
Albert Schweitzer

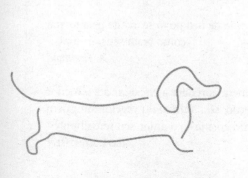

Sumário

Prólogo 11

Capítulo 1 – A notícia 17

Capítulo 2 – A chegada 33

Capítulo 3 – Amar com responsabilidade 43

Capítulo 4 – Solidariedade entre os animais 53

Capítulo 5 – A terapia espírita para os animais 63

Capítulo 6 – A alma de Duda sobreviveria? 75

Capítulo 7 – Os animais e a Lei de Causa e Efeito 85

Capítulo 8 – Duda estava partindo 99

Capítulo 9 – A morte de Duda 109

Capítulo 10 – Chico Xavier e os animais 117

Capítulo 11 – No plano espiritual 129

Capítulo 12 – A volta de Duda 137

Epílogo 151

Referências 155

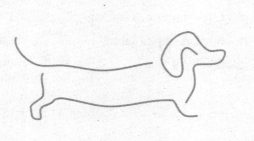

Prólogo

O homem está para o animal simplesmente como um superior hierárquico. Nos irracionais desenvolvem-se igualmente as faculdades intelectuais. O sentimento de curiosidade é, na maioria deles, altamente avançado e muitas espécies nos demonstram as suas elevadas qualidades, exemplificando o amor conjugal, o sentimento da paternidade, o amparo ao próximo, as faculdades de imitação, o gosto da beleza. Para verificar a existência desses fenômenos, basta que se possua um sentimento acurado de observação e de análise.

EMMANUEL, 1938

Não por acaso, a questão da espiritualidade dos animais tem despertado a atenção de milhares de pessoas.

Como resultado de um planejamento do plano extracorpóreo, a humanidade já possui os requisitos necessários para aprender alguns aspectos da evolução do princípio anímico sem as falsas e definitivas concepções com que até pouco tempo o assunto vinha sendo tratado.

Em virtude de ser um tema de pouco trânsito nas religiões em geral, com o auxílio do Mundo Maior, e por intermédio da compilação de abnegados estudiosos do assunto, procuramos auxiliar a realização do presente trabalho com algumas diretrizes simples e despretensiosas, que facilitassem o relato pessoal da médium.

Os laços que se criam entre homem e animal transcendem o entendimento vulgar e, na maioria das vezes, só os que vivenciaram experiências nessa área conseguem realmente compreender as nuances de tal relação.

Acreditamos não ser preciso lembrar que os Espíritos iluminados que passaram pela Terra física e os que por aqui ainda laboram, indubitavelmente, amam a Criação divina como um todo, cuja manifestação realiza-se de forma completa na natureza, incluindo as criaturas de nosso Pai.

Cabe também recordar que o homem, mesmo enredado nas teias da própria inferioridade, na eventual condição extrema e lamentável de fera irracional a que infelizmente ainda se precipita, destruindo até mesmo o próprio semelhante, a despeito de tais atrocidades, não se vê por isso abandonado por seus "irmãos menores" no caminho, capazes de com ele manter e desenvolver laços de afinidade e afetividade.

Assim, o mistério da evolução humana se mistura e cria vínculos com nossos pequenos companheiros do caminho, pelos quais, ainda no encalço do verdadeiro amor, o ser humano é tão responsável quanto pela própria alma imortal.

Espírito Eugene

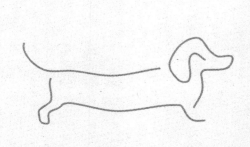

Duda

A REENCARNAÇÃO DE UMA CACHORRINHA

Capítulo 1

A notícia

*O Universo é um dinamismo regido pelo
Espírito, e a matéria é apenas uma aparência;
os átomos obedecem à energia; tudo caminha,
tudo está em movimento no Infinito.
O Incognoscível rege tudo, desde o infinitamente
grande ao infinitamente pequeno.*
FLAMMARION, 1982, p. 356

Este relato, na verdade, segue o curso de minha memória, auxiliado por algumas anotações que fiz em determinadas circunstâncias, apenas com o intuito de registrar acontecimentos que me pareciam significativos.

Por onde começar? Procuramos selecionar nossas lembranças para que não nos percamos em divagações desnecessárias.

Desde a infância, sempre mantive grande ligação com animais, principalmente com cães.

Meu primeiro, o Rex, ganhei de uma amiga de minha mãe. Ele me acompanhou dos sete aos 22 anos; depois veio o Hulk, que tinha esse nome — ironicamente — por ser muito pequeno ao chegar a minha casa.

Mais tarde, já casada e mãe de três meninos, veio o Pécus.

Pécus era um pastor-alemão adorável, muito dócil, mas, devido ao tamanho exagerado, vivia derrubando tudo e todos em suas efusões de alegria.

Quando eu e minha família nos mudamos para um apartamento, Pécus foi para o sítio de meu irmão e lá permaneceu até seu desencarne.

Nas visitas que lhe fazíamos, sua alegria era extraordinária; ao se aproximar a hora de nossa partida, ficava visível sua mudança de comportamento.

Bastavam começar as despedidas, e Pécus não se afastava mais de nós; permanecia junto a mim e aos meninos, esperando que o levássemos conosco. Infelizmente isso não era possível. Saíamos de lá com o coração apertado...

Duda chegou alguns anos depois, quando nossa *falta de cachorro* já era enorme.

. . . . .

Em uma manhã fria de agosto de 2007, tive certeza de que nossa Duda também iria para longe de nós.

Não gosto do frio nem do inverno e, naquela ocasião, o clima se coadunava bem com os sentimentos em nossos corações.

Havia dois meses que recebêramos a notícia de que a pequena Duda, nossa cachorrinha querida, estava com um linfoma.

Alguns meses antes, após um veraneio um pouco estressante, Duda retornara diferente e a havíamos levado ao veterinário; na época, o diagnóstico fora de "gravidez psicológica".

Ela nunca havia dado cria e, depois do período do cio, Duda agia de forma estranha, procurando se esconder e "cuidando" de um brinquedo de pelúcia que havia ganhado.

Fiquei admirada, pois nunca ouvira falar que cães passassem por tais processos; algumas cachorrinhas, inclusive, chegam a produzir leite, conforme nos informou o veterinário.

Na época o assunto me ocupou por algum tempo, já que tínhamos de manter alguns cuidados com a Duda, pois ela estava agitada. Por instrução do veterinário, tive até de lhe dar um calmante.

Após esse episódio, Duda nunca mais recuperou a saúde completamente.

Em maio, ela adoeceu de novo. Tinha febre, não se alimentava direito e parecia ter dor na região da garganta. Uma consulta com a veterinária de plantão naquele dia me assustou bastante. Ela me informou que poderia ser algo grave.

Dei a medicação, que incluía anti-inflamatórios, antibióticos e remédio para baixar a febre; na reconsulta ela estava bem melhor e acabamos nos tranquilizando.

No mês seguinte, novamente Duda adoeceu; a veterinária, então, não teve dúvidas: indicou-nos uma colega para que fosse feito um exame aspirativo do gânglio (que se encontrava muito inchado) ou uma biópsia.

Em uma tarde de junho, o telefone tocou. Era a veterinária que me ligava, dando a notícia de que o diagnóstico era de um linfoma.

Os linfomas ou linfossarcomas podem ser definidos como uma doença maligna que ataca os linfonodos ou gânglios.

As células cancerosas podem espalhar-se e atingir outros gânglios linfáticos e órgãos como o fígado, baço, rins, medula óssea, pulmão, olho e o sistema nervoso central podem ser atingidos. (Parisi, 2010)

Este resultado para mim já era esperado; essa era a minha intuição.

Perguntei à veterinária, apesar de tudo com tranquilidade, sobre o que poderíamos fazer. Ela me respondeu que a Duda deveria iniciar a quimioterapia, tratamento que apresentava bons resultados nesses casos. Marcamos, portanto, a consulta na clínica especializada.

Talvez este relato pareça exageradamente dramático, visto que todos os dias pessoas recebem a notícia de que elas mesmas ou familiares queridos estão com essa doença.

Milhares de seres humanos morrem por ano em todo o mundo vítimas dessa terrível moléstia: mães partem, deixando filhos inconformados; pais dedicados deixam de ser a garantia de seus lares, atravessando os umbrais da morte... Filhos adorados, que se constituíam a própria razão de ser dos pais, fecham os olhos para reabri-los em outra dimensão...

Não ignoramos o sofrimento, muitas vezes prolongado, que acompanha aqueles que não sobrevivem ao câncer; histórias dolorosas são revividas diariamente e a vivência desse drama deixa marcas profundas.

Apesar disso, também não posso deixar de me consternar pelo fato de que os animais também passam por experiências educativas na Terra, algumas de teor extremamente doloroso.

Em virtude de ser espírita e acreditar na

evolução da alma, reconhecendo a necessidade de passarmos por diversos estágios, cada um nos outorgando as lições necessárias, sempre senti grande interesse pela questão da espiritualidade dos animais.

O tema ressurgiu nos últimos anos, mas trabalhos posteriores a Allan Kardec, realizados por renomados estudiosos, já falavam a respeito: Ernesto Bozzano, Gabriel Delanne, Camille Flammarion apresentaram valiosos ensinamentos, que despertaram a capacidade lógica de análise do assunto.

Mesmo Kardec aborda a questão com profundidade, estabelecendo algumas hipóteses que por certo nortearão estudos mais elucidativos sobre o tema no futuro.

O Espírito André Luiz, por intermédio da psicografia de Chico Xavier, aponta-nos, em certas passagens, a existência, no mundo incorpóreo, de animais tais como eram na Terra.

Nesse aspecto, há algum tempo a questão da espiritualidade dos animais tem sido abordada, dando ensejo a uma discussão cuja importância nós, como espíritas, não podemos menosprezar.

Se o fizéssemos, estaríamos ignorando a pedra basilar de nossa doutrina — a evolução do espírito — e depreciando a bondade divina, que, como afirma Kardec acerca da evolução do princípio material e espiritual, através dos vários reinos:

[...] dá uma saída, uma finalidade, um destino aos animais, que deixam então de formar uma categoria de seres deserdados, para terem, no futuro que lhes está reservado, uma compensação aos seus sofrimentos. (KARDEC, 1992, p. 216)

Mais adiante, completa: "Por haver passado pela fieira da animalidade, o homem não deixaria de ser homem; já não seria animal, como o fruto não é a raiz, como o sábio não é o feto [...]".

Flammarion resume de forma brilhante a questão da superioridade do homem em relação aos animais:

Considerando, porém, o homem como o último ser nascido entre os seres terrícolas, cujo surgimento sucessivo obedeceu à lei geral de progresso e considerando-o como o mais perfeito da escala, a pressupor-se o centro final — ou pelo menos atual — da evolução terrestre, negamos-lhe, contudo, o direito de atribuir a Deus as suas mesquinhas concepções e supor que as suas mínimas combinações domésticas participaram do plano divino e eterno. (FLAMMARION, 1990, p. 309)

O eminente espírita e astrônomo francês, amigo de Kardec, acrescenta que o homem deve procurar em si mesmo o que o distingue entre outros seres: o seu valor intelectual.

Contudo, a medida do Universo, para o homem, não deve ser, segundo a acanhada concepção do próprio homem, ele mesmo.

Portanto, a expectativa com esse relato é apenas contribuir com minha experiência pessoal e, intuída por nossos benfeitores, abordar a relação com os animais, mas sob um prisma diferente.

A certeza de que — tanto quanto nós — eles

prosseguem em sua evolução, podendo retornar mesmo em lares em que já viveram, permanecendo ligados aos seres humanos por tempo indeterminado, além de trazer conforto revela-nos, mais uma vez, que a Bondade e a Justiça infinitas de Deus se fazem presentes em todo o Universo e se manifestam para todos, indistintamente.

Tenho percebido que muitas pessoas se sentem constrangidas em reconhecer sua dor pela perda de um animal de estimação. Acreditam que serão ridicularizadas, pois vemos o sofrimento humano crescer a cada dia, por razões consideradas... "mais relevantes".

Creio que cada um de nós, de acordo com a própria bagagem evolutiva, tenha motivos para agir de uma forma ou de outra. Não sabemos quantas lutas foram enfrentadas; quantas dificuldades vencidas; quanto sofrimento foi suportado até que este nosso irmão, que porventura criticamos, tenha chegado ao estágio em que se encontra.

Com a história de Duda, busco me solidarizar com as pessoas que já passaram por tal experiência e com aquelas que ainda passarão por ela; também não pretendo, de modo algum, causar polêmica, porque, para aceitar essas argumentações — que, diga-se de passagem, não são apenas minhas, mas de estudiosos, profissionais e pesquisadores da vida espiritual —, é preciso ter a mente predisposta a novas ideias e, mais que isso, o coração sensível ao fato de que pertencemos ao Universo tanto quanto uma imensidade de outros seres, muitos ainda para nós desconhecidos.

Deus, que é a perfeição absoluta, não estabelece privilégios entre as criaturas, mas as irmana como Pai amorável, para que se auxiliem na busca pela própria evolução.

Foi por ter sido procurada para dar algum alento àqueles que haviam perdido seus animais de estimação que senti a necessidade de emprestar essa singela contribuição à questão.

Em nossas vidas infinitas, os laços de amor sempre se aperfeiçoam e enriquecem.

Francisco de Assis, o missionário da Umbria, já tratava os animais como "irmãos", buscando união e sintonia com aquelas criaturinhas ainda incipientes em seu estágio evolutivo.

O médium mineiro Eurípedes Barsanulfo, espírito missionário, que em sua última trajetória na Terra trilhou um caminho de luz, também dedicava grande amor aos animais.

Assim, por que haveríamos de consagrar amor, carinho, dedicação e todos os cuidados necessários a seres fadados ao aniquilamento?

Nada na obra divina existe sem um propósito, e, se o Pai permite o estabelecimento de laços de carinho e afetividade entre criaturas tão distantes na hierarquia evolutiva físico-espiritual, a razão nos incita a questionarmos tão delicado assunto, com vista à maior compreensão.

Somos filhos de um mesmo Pai e estamos inseridos em Sua obra; como dizia Francisco de Assis, "irmãos", que necessitam de experiências para fins de aprendizagem e aperfeiçoamento, seguindo em busca da perfeição, rumo ao engrandecimento da vida.

Naquela manhã fria, Duda havia recebido

uma injeção de ramitidina, pois a quimioterapia lhe castigava o corpo sensível. Essa medicação visava a diminuir os enjoos e permitir que ela se alimentasse.

Ela sempre fora "diferente" em relação a medicações; as reações de Duda eram mais intensas do que se esperava.

Quando iniciou a quimioterapia, indaguei à veterinária se haveria outro recurso a ser utilizado. A veterinária esclareceu à nossa família que, se não obstaculizássemos o crescimento dos tumores, Duda morreria asfixiada, pois eles se localizavam no pescoço e continuariam a crescer. Um dos meus filhos a segurou no colo enquanto a medicação lhe era aplicada.

Dali a dois dias começaram os vômitos... e um período de grande sofrimento...

Capítulo 2

A chegada

Em todos os setores da Criação, Deus, nosso Pai,
colocou os superiores e os inferiores para o trabalho
de evolução, através da colaboração e do amor, da
administração e da obediência.

LUIZ, 1985a, p. 42

Duda veio para casa em maio de 1999. Logo após meu casamento vieram os filhos e não me senti em condições de arcar com a responsabilidade de cuidar de um animalzinho; sim, porque para criarmos um, seja ele qual for, precisamos de tempo, disponibilidade emocional e paciência, já que eles carecem de alguns cuidados indispensáveis.

Ao acolhermos um companheirinho desses em casa, é preciso ter consciência de que passamos a ser também corresponsáveis pela evolução daquela criatura. Ensinaremos muitas coisas a eles, mas também é verdade que aprenderemos muito!

Como todos desejávamos ter novamente um cachorrinho e, naquela época, o Chico (Xavier) havia comentado com alguns amigos nossos sobre a importância dos animais, em especial para que as crianças desenvolvessem afetividade, resolvemos que estávamos preparados para ter outro.

Segundo Baccelli relata na *Revista Cristã de Espiritismo* (versão *on-line*), Chico comentou sobre o isolamento e o comportamento autista em certa oportunidade no Grupo Espírita da Prece:

> *O "autismo" é um caso muito sério, podendo ser considerado uma verdadeira calamidade. Tanto envolve crianças quanto adultos... Os médiuns também, por vezes, principalmente os solteiros, sofrem desse mal, pois que vivem sintonizados com o Mundo Espiritual, desinteressando-se da Terra... É preciso que alguma coisa nos prenda no mundo, porque, senão, perdemos a vontade de permanecer no corpo. (BACCELLI, 2009)*

Dizia Chico que algumas dessas pessoas tendem a se voltar para o seu mundo, e que um animal poderia auxiliá-las a não viver tão isoladas emocionalmente; comentava ainda que isso é comum entre médiuns e dava como exemplo o próprio caso.

A fidelidade e o carinho espontâneos dos animais, além de auxiliarem a autoestima, incentivariam o desenvolvimento do afeto, auxiliando nas relações interpessoais.

Na realidade, como sempre, Chico tinha razão.

Segundo a Associação para o Estudo e Protecção do Gado Asinino (AEPGA), de Portugal, o psicólogo norte-americano Boris Levinson resgatou a terapia com animais na década de 1960, mas, na realidade, essa prática já fora utilizada no século IX.

Não é novidade que, atualmente, existam programas específicos de reabilitação em hospitais que adotam cães nos programas terapêuticos. Nos Estados Unidos são inúmeros os locais que utilizam a terapia canina e, no Brasil, já existe o reconhecimento dos benefícios de tais procedimentos.

Existem grupos multidisciplinares que realizam variadas atividades, como terapias de apoio em hospitais, clínicas de reabilitação, de psicoterapia, casas de repouso etc., e, pela utilização de animais adestrados e acompanhamento profissional, obtêm excelentes resultados na recuperação dos pacientes.

Não há dúvida de que não apenas os cães exercem tal papel; além destes, gatos, cavalos, pássaros, golfinhos e burros também contribuem nesse tipo de terapia.

Os tratamentos com cavalos, a equoterapia, por exemplo, definida como:

> *[...] um método terapêutico e educacional que utiliza o cavalo dentro de uma abordagem interdisciplinar nas áreas de saúde, educação e equitação, buscando o desenvolvimento biopsicosssocial de pessoas com deficiência ou com mobilidade reduzida. (EQUOTERAPIA, 2009)*

considera os vários aspectos que podem ter benefício com sua prática.

Assim, a participação dos animais em nossa existência e na melhoria da qualidade de vida está aumentando e tenderá a crescer com o tempo.

. . . . .

Duda foi um presente. Isso mesmo, ela foi o presente de aniversário do meu filho Lucas. Ele faria nove anos quando o tio, Fabiano, resolveu dar-lhe a pequena dachshund.

Fabiano havia ligado e me perguntado qual eu gostaria mais: uma pretinha ou uma marrom... Disse a ele que falasse com o Lucas, pois não queria interferir.

O Lucas escolheu a preta. À noite, quando cheguei do trabalho, lá estava aquele serzinho minúsculo, preto, enrolado em uns paninhos que os meninos haviam improvisado para "fazer de cama".

Embora fosse muito tarde, providenciei-lhe um cobertor e arrumamos um pequeno leito para a cachorrinha.

O primeiro ano foi de adaptação. Não estava mais acostumada com uma integrante desse tipo no grupo familiar e a novidade a princípio deu certo trabalho! Depois, as coisas foram se ajeitando.

No ano seguinte, tivemos uma grande perda na família. A avó de meu marido veio a falecer. Apesar de ser bisavó de meus filhos, por ser uma pessoa excepcional, um espírito muito ligado às crianças, exerceu grande influência na primeira infância dos meninos.

Thiago, o mais velho, não havia reagido bem à presença de Duda, fato que sempre me entristeceu. Enquanto os outros dois irmãos brincavam e se divertiam com ela, Thiago permanecia arredio e distante.

Com o falecimento da querida dona Reneé, talvez por não saber como expressar sua dor, visto que provavelmente era o bisneto mais ligado a ela, Thiago, então com onze anos, abateu-se demais. Fiquei preocupada, pois ele sempre fora muito quieto, introspectivo; não expressava muito seus sentimentos.

Duda tinha conquistado os outros desde o primeiro momento (apesar de tudo o que aprontava: comendo roupas, destruindo sapatos e tênis, roendo nossos móveis), mas, por mais que tentasse brincar com Thiago, não havia jeito.

Aos poucos, entretanto, após a morte de dona Reneé, Duda foi se aproximando de Thiago. Chegava devagarzinho, buscava subir no colo dele, trazia brinquedos. Um pouco relutante, Thiago começou a aceitar a presença da cachorrinha. Pude presenciar o surgimento de uma grande amizade entre um menino e um cão.

Felizmente, a Duda e o Thiago haviam se encontrado!

Acredito que, na verdade, Duda obteve ali sua primeira grande vitória em nossa casa.

Capítulo 3

Amar com responsabilidade

[...] E como o objetivo desta palestra é o estudo dos animais, nossos irmãos inferiores, sinto-me à vontade para declarar que **todos nós já nos debatemos no seu acanhado círculo evolutivo.** *São eles nossos parentes próximos, apesar da teimosia de quantos persistem em o não reconhecer. [...]*
Recebei como obrigação sagrada o dever de amparar os animais na escala progressiva de suas posições variadas no planeta. Estendei até eles a vossa concepção de solidariedade e o vosso coração compreenderá, mais profundamente, os grandes segredos da evolução, entendendo os maravilhosos e doces mistérios da vida.

EMMANUEL, 1938, p. 93

(Grifo da autora.)

É certo que, embora do ponto de vista orgânico, conforme afirma Delanne (1989, p. 61), "os elementos componentes dos tecidos de todos os seres vivos são substancialmente idênticos em sua composição", existem diferenças que se expressam na manifestação das faculdades superiores, tais como o raciocínio, a inteligência, a memória etc.

Essas diferenças, segundo Delanne (1989), seriam nada mais do que gradações de um único princípio, que progridem na mesma proporção em que animam seres mais desenvolvidos; portanto, conclui (p. 63): "[...] a alma animal é da mesma natureza que a humana, apenas diferenciada no desenvolvimento gradativo".

Ao nos reconhecermos superiores hierarquicamente na escala evolutiva, conforme nos aponta André Luiz, por termos o pensamento contínuo, atributo exclusivo do ser humano, arcamos com a responsabilidade em relação àqueles que nos são inferiores.

Essa consciência vai muito além dessa questão, visto que, com o uso indevido dos recursos naturais, que atinge a flora e a fauna do planeta, certamente deixaremos como herança um lugar com condições precárias de sobrevivência aos nossos descendentes.

Felizmente, as ações com vistas ao desenvolvimento sustentável têm encontrado eco nos corações de alguns governantes, que se têm mobilizado e buscado soluções para a preservação do meio ambiente.

Um animal de estimação, seja ele de que espécie for: cão, gato, pássaro ou outro qualquer, é um compromisso nosso em relação à evolução dele.

Emmanuel, por intermédio da psicografia de Chico Xavier, tece algumas das mais belas passagens em relação ao assunto. Por esse motivo, optei por citá-lo diretamente, pois acredito ser impossível reproduzir seu estilo e profundidade com minhas palavras.

Assim, Chico nos revela, como já citado em diversas obras, que o assunto dos animais é por Emmanuel estudado com atenção e carinho. E argumenta com convicção:

Considera-se, às vezes, como afronta ao gênero humano a aceitação dessas verdades.

E pergunta-se como poderíamos admitir um princípio espiritual nas arremetidas furiosas das feras indomesticadas, ou como poderíamos crer na existência de um rio de luz divina na serpente venenosa ou na astúcia traiçoeira dos carnívoros. Semelhantes inquirições, contudo, são filhas de entendimento pouco atilado. Atualmente, precisamos modificar todos os nossos conceitos acerca de Deus, porquanto nos falece autoridade para defini-lo ou individualizá-lo. Deus existe. (EMMANUEL, 1938, p. 94)

Prossegue, o venerável mentor, citando a condição humana; lembra que, para o homem ser considerado modelo de perfectibilidade, deveria "apresentar todos os característicos de uma entidade irrepreensível", e não como o vemos, praticando crimes e desvarios diariamente.

Acrescenta ainda (p. 94): "[...] muitas vezes, as faculdades imperfeitas dos irracionais agiriam com maior benignidade e clemência, dando testemunho de melhor conhecimento das leis de amor que regem o mecanismo do mundo".

Seguindo esse raciocínio, para fazer jus à nossa condição de superiores, temos uma grande responsabilidade com a evolução do ser que abrigamos no lar, devendo-lhe não apenas o alimento, o abrigo, mas também carinho e cuidados que lhe permitam uma passagem pela Terra saudável e feliz.

Nesse ponto, tanto quanto também no tocante ao ser humano, a carência e o excesso produzem seus prejuízos. É muito comum se inverterem os valores nessa questão. Animais excessivamente mimados não apenas se tornam o centro das atenções em uma casa, mas também passam a ali "ditar as normas"; o funcionamento do lar passa a transcorrer de acordo com a vontade do animal.

Assim também, por certo, a falta de atenção e carinho provocam psicopatologias ligadas à restrição, e o animal passa a ter atitudes que revelam medo, insegurança e agressividade.

. . . . .

Em relação a Duda, seu temperamento calmo e dócil facilitou sua "adoção" pela família.

Apesar disso, logo após sua chegada, comemorávamos o aniversário de um de meus filhos e, distraídos, afastamo-nos da sala onde era feita a comemoração. Ao retornarmos, constatamos que metade do bolo de aniversário não existia mais...

Foi uma cena inesquecível ver aquele pequeno filhote assustado, em cima da mesa, com o focinho e um bom pedaço do corpo cheios de merengue...

Naquele dia, devo confessar que não fui tão condescendente assim, pois ficamos sem o bolo de aniversário...

Muitas vezes, quando presenciava alguma traquinagem da Duda, ela fugia e se escondia, demonstrando saber que havia feito algo que me desagradara.

Ainda em relação aos sentimentos dos animais, lembro-me de outra passagem.

Várias vezes nos havíamos privado de algumas atividades em função de Duda. Especialmente nas férias, quando era comum ser impossível levá-la conosco, e isso me causava alguma tristeza.

Naquele verão de 2007, iríamos passar o Carnaval em uma praia próxima a Porto Alegre. Como ficaríamos em um hotel, não poderíamos levar Duda; sendo assim, resolvemos deixá-la com a minha mãe, que gostava bastante dela. Para que não estranhasse o ambiente, minha mãe veio para nossa casa.

Quando começamos a arrumar a bagagem, ela ficou inquieta; olhava de um lado para o outro e parecia pressentir o que ocorreria.

Na saída, Duda tentou desesperadamente sair conosco, no que foi impedida. Partimos e, enquanto nos dirigíamos a um restaurante próximo, para almoçarmos antes da viagem, ouvíamos os latidos de nossa Duda.

No entanto, o que mais nos impressionou foi que, ao retornarmos e passarmos diante do prédio, ainda podíamos ouvir um latido baixinho, como se, inconformada, ela lamentasse por ter sido deixada. Havia passado uma hora e Duda ainda protestava por não nos ter acompanhado.

Apesar dos incidentes de que algumas vezes somos vítimas por causa dos "pets", com o tempo eles se transformam em doces lembranças de um tempo que já passou.

Quem não se lembra, em algum momento da vida, da convivência carinhosa com um animal?

Àqueles que não tiveram essa oportunidade, afirmo-lhes que é uma experiência enriquecedora e benéfica ao relacionamento que temos com o mundo e com nós mesmos.

Capítulo 4

Solidariedade entre os animais

Mas, quando prosseguimos investigando, até perceber as forças íntimas que sustentam cada ser criado, até descobrirmos as leis universais que regem simultaneamente o edifício total e cada uma das partes desse imenso edifício, então distinguiremos as linhas de um plano geral, perceberemos, aqui e ali, os elos de solidariedade que entrosam num só desígnio os corpos mais distantes, reconheceremos a unidade do pensamento que presidiu [...].
FLAMMARION, 1990, p. 369

Em seu livro *A Evolução Anímica*, Gabriel Delanne faz várias referências a situações em que os animais demonstram não apenas inteligência, mas amor ao próximo e solidariedade.

Cita inclusive um caso narrado por Darwin

apud Delanne (1989, p. 72), relatando que "o capitão Stransbury encontrou num lago salino de Utah um velho pelicano completamente cego e, aliás, muito gordo, que devia o seu bem-estar, de longa data, ao tratamento e assistência de companheiros".

Conta-se que o cachorro Brinquinho, de Chico Xavier, ao ouvir os miados de uma gata que chamava os filhotes recém-nascidos para serem amamentados, carregou-os com grande cuidado até a mãe.

Há poucos dias, um grande amigo, Fernando, narrou-me dois episódios ocorridos em sua residência em Cabo Frio (RJ):

Possuímos uma gata, que estava prestes a dar cria; eu e Marilene [esposa dele e amiga querida] preparamos um local para que ela ficasse confortável quando chegasse a hora.

No dia do nascimento, o Janjão — pai dos gatinhos —, durante todo o "trabalho de parto", ficou muito agitado, andando pela casa inteira sem se aproximar.

Quando finalmente os gatinhos nasceram, ele

veio, lambeu a cara dela e, a seguir, lambeu cada um dos filhotes.
Pareceu-nos que sabia o que estava acontecendo e, sem poder ajudar, aguardou, ansioso, o nascimento da sua prole.

Alguns meses mais tarde, Fernando me relatou que os gatinhos haviam crescido, mas continuavam mamando. Por essa época, ele encontrou um gatinho recém-nascido que fora deixado à sua porta. O animal estava quase sem vida, gelado, pois passara a noite ao relento. Ao encontrá-lo, Fernando e Marilene pensaram em lhe dar leite, mas ele era bem pequeno, passava muito mal e não conseguiria beber em um pote.

Foi então que, para surpresa dos dois, a gata do casal se aproximou e se deitou, para que o filhote pudesse mamar junto com os seus gatinhos.

O animalzinho não sobreviveu, mas a lição ficou...

. . . . .

Quanto à fidelidade canina, eis aí uma das principais virtudes de um cão.

Muitos tiveram a oportunidade de assistir ao vídeo chileno que mostra um cão tentando salvar outro que havia sido atropelado... É comovente a atitude do pequeno cãozinho, tentando arrastar o corpo do companheiro, já morto, para fora da estrada (AGÊNCIA, 2009).[1] Essas histórias nos fazem pensar — como seres considerados superiores na escala evolutiva — na importância de nosso papel em relação aos animais.

Quanto a Duda, sentia uma afinidade telepática com aquela pequena "linguicinha". Mais tarde, aprofundando o estudo sobre o assunto, pude verificar que era isso mesmo que ocorria.

Ernesto Bozzano, escritor italiano, dedicado ao estudo dos fenômenos paranormais e da alma, trabalhou com a hipótese da sobrevivência da

---

[1] AGÊNCIA de Notícias de Direitos Animais. *Cão herói tenta salvar outro cão atropelado.* Disponível em: <http://www.anda.jor.br/?p=25> Acessado em: 25/10/2009.

alma dos animais, e relatou diversos casos interessantes, visando a comprovar sua tese.

Para ele, alguns fenômenos que ocorrem entre humanos e animais podem ser caracterizados como "telepáticos". Entre esses, podem-se verificar situações nas quais o autor afirma que os animais, algumas vezes, Bozzano (2007, p. 11) "[...] não fazem somente o papel de *perceptor*, mas também o de *agente*."

Na realidade, com essa afirmação, o autor sugere que podemos emitir pensamentos por telepatia, compreensíveis aos animais, mas também sofremos a influência deles, quando se colocam como agentes e nos emitem os seus descontínuos processos de pensamento. Após estudo aprofundado, de acordo com a metodologia científica, conclui:

No tocante às afirmações a favor da existência real de manifestações telepáticas em que os animais fazem o papel de agente ou de perceptor, assim como no tocante aos fenômenos de assombrações ou de aparições de outra

> *natureza, em que os animais são percipientes juntamente com o homem, não me parece nem um pouco científico levantar ressalvas ou dúvidas, pois os casos expostos nesta classificação são suficientes para fundamentar nossas afirmações. (BOZZANO, 2007, p. 199)*

A tese da psique animal estaria, assim, consolidada ao se verificar a existência de "faculdades paranormais no subconsciente animal".

Quem possui animais de estimação certamente tem alguma história para contar acerca de sua inteligência e perspicácia. Temos a impressão de que captam nosso pensamento e pressentem fatos.

Lembramo-nos de que há um relato sobre Jipe, o cão de Eurípedes Barsanulfo. Segundo Abdala (2008, p. 45), "A integração entre o Apóstolo de Sacramento e o cãozinho era algo inacreditável, pois no instante exato de qualquer atividade, tarefa ou evento, eis que Jipe comunicava seu dono para que seguisse a disciplina do horário".

Presenciei em várias ocasiões atitudes

comoventes de Duda. Quando me encontrava com algum problema, ela saía de sua cama e vinha se aconchegar em meu colo.

. . . . .

Em outra ocasião, quando tive minha primeira cólica renal, ao me preparar para ir ao hospital e sentindo muita dor, Duda me fitou com grande tristeza e começou a ganir, como se chorasse. Percebi que, por alguns momentos, minha expressão de sofrimento pela intensidade da dor fora registrada por ela.

Essa demonstração de solidariedade me sensibilizou profundamente.

Capítulo 5

A terapia espírita para os animais

> *No socorro aos animais doentes, usar os recursos terapêuticos possíveis, sem desprezar mesmo aqueles de natureza mediúnica que aplique a seu próprio favor. A luz do bem deve fulgir em todos os planos.*
>
> LUIZ, 1988, p. 77

Como eu e minha família moramos em apartamento, os passeios de Duda eram uma rotina em nossa casa. A tarefa era dividida entre mim e meus filhos: pela manhã, Thiago a levava; à tarde, Lucas; à noite, eu ou Fábio.

Duda fazia certa "pressão" para ser levada ao passeio, chorando, pulando no colo, enfim, deixando bem claro que queria sair. Mas, quando se tratava de Thiago, meu filho mais velho, sempre acontecia uma cena engraçada: enquanto ele pegava a guia, preparando-se para conduzi-la, Duda corria à área de serviço e ficava olhando para os lados e para a janela, como se não tivesse o mínimo interesse em passear.

Costumávamos dizer que ela estava "disfarçando", só para não deixar evidente o quanto estava a fim de dar a sua voltinha...

Recordo também que Duda gostava muito do cheiro de determinado tempero... Acredito que ela o associava à comida (não teve jeito; ela detestava ração), e corria para a cozinha toda vez que utilizávamos o tal tempero.

Da mesma maneira, tinha horror a certos tipos de carne... Quando sentia o cheiro, nem se levantava para comer.

Sim, ela era exigente: gostava de churrasco (explicável, pois era uma dachshund gaúcha!), algumas frutas e muitos ossos.

Apesar de reconhecer que a alimentação de Duda não era correta, não consegui introduzir a ração em sua dieta. Portanto, ela estava um pouco acima do peso quando adoeceu.

Qual a importância de todos esses comentários? Mais adiante, retomarei esses hábitos de Duda.

Quando minha cachorrinha recebeu o protocolo quimioterápico, o linfoma estava classificado como estágio II ou III.

A terapia se constituía na utilização de múltiplos agentes quimioterápicos, que seriam administrados em uma clínica veterinária.

No dia em que recebeu a medicação, no último momento, ainda hesitei, como narrei antes, pois sabia da sensibilidade da minha Duda. Mas não tive alternativa a não ser deixá-la seguir em frente.

Dois dias depois, com muita febre, não quis se alimentar e seu corpinho estremecia pela alta temperatura. Quando fui lhe fazer um carinho, verifiquei, admirada, que o tumor desaparecera! Preocupada com o quadro, pois pressenti que era incomum uma melhora assim tão repentina, liguei para a veterinária, e ela ficou muito surpresa.

A resposta de Duda fora inesperada e

extrema; o resultado foi que ela perdeu praticamente toda a sua imunidade!

Nossa cachorrinha começava uma luta que duraria dois meses até a sua partida.

Foram tempos difíceis, em que eu, meu marido e meus filhos nos dividíamos entre o trabalho, a escola e os cuidados com ela.

Retornamos à veterinária na segunda-feira e a febre havia cedido, mas os vômitos já tinham começado. Normalmente, os cães resistem bem ao tratamento, apresentando pouco enjoo, mas com Duda foi diferente. Ela vomitava muito!

Diante desse quadro, ela teve liberdade de circular por todo o apartamento; antes, ficava restrita a algumas peças apenas, pois meu marido não gostava de vê-la nos quartos... principalmente em cima das camas... Enfim, Duda havia conquistado por completo o direito de ir e vir em nossa casa!

Para mim, era uma felicidade tê-la por perto! Mas agora ela estava doente e eu tinha consciência de que não ficaria próxima muito mais tempo.

Lembro que, certo dia, Duda estava deitada em minha cama e vomitou no chão. Imediatamente limpamos o local e a cachorrinha desceu da cama e ficou me olhando, como se pedisse desculpas por haver sujado o tapete.

Chamei-a e lhe disse:

— Não faz mal, Duda; não tem importância. Está tudo bem. Sobe aqui, fica perto da mamãe!

Ela hesitou, aproximou-se e voltou para onde se encontrava. Chamei-a de novo:

— Vem, Duda, não tem problema!

Ela me olhou e, inesperadamente, vomitou de novo. Entendi, então, que a cachorrinha não queria subir, porque estava enjoada ainda e iria vomitar mais uma vez. Não queria sujar a minha cama...

Pela terceira vez a chamei, e ela veio e se aninhou em meu colo.

Aquele animalzinho, fragilizado pela doença e por nossa infrutífera tentativa de ajudá-la, começava a nos deixar.

A linguagem telepática, presente em nossa comunicação com os animais, para mim, era fato incontestável: definitivamente eu compreendia Duda! Como afirma André Luiz (1985a, p. 73): "[...] o cão é quase humano, em seus gestos de contentamento e em seus ganidos de dor".

Tal como ocorre quando temos alguém próximo doente, em cujo dia da partida sentimo-nos sem coragem de pensar, sabia que aconteceria, e me perguntava a todo momento como seria essa ocasião em que ela nos deixaria...

É evidente que surgiu a questão de se agiríamos corretamente em optar pelo tratamento quimioterápico. Além dos efeitos colaterais, que estavam sendo avassaladores na constituição delicada da cachorrinha, havia ainda a questão financeira, pois o tratamento era caro.

Minha intuição de que deveríamos fazer tudo o que fosse possível para salvá-la se confirmou nas palavras de André Luiz, transcritas no início deste capítulo. Além disso, trouxe-me um grande consolo saber que poderia utilizar os recursos da doutrina para auxiliá-la.

Hoje em dia, vejo até mesmo alguns centros espíritas que atendem animais, seja de forma presente ou a distância. Esses atendimentos incluem passe, água fluidificada, trabalhos de preces, irradiações etc. Não entraremos no mérito de tais iniciativas, mas elas demonstram que, definitivamente, os animais começam a ser vistos de maneira diferente.

Portanto, no caso de Duda, com a terapia convencional, oferecíamos a ela água fluidificada, passe (na época, trabalhava como passista na casa espírita), e orávamos muito pela cachorrinha.

A veterinária espírita e pesquisadora em Neuroanatomia, Irvênia Prada, relata alguns casos comoventes dos seus próprios animais de estimação e, quanto a questionar a validade da terapêutica espiritual, afirma (2007, p. 116): "Em relação aos passes e à água fluidificada, fui orientada pelo plano espiritual para nos ligarmos mentalmente aos espíritos zoófilos; assim, eles nos ajudam, promovendo a adequada modificação de nosso fluido vital para o atendimento do animal".

Esse cuidado quanto ao fluido vital se

justificaria por sua modificação de espécie para espécie, conforme a autora se reporta a questão 66 de *O Livro dos Espíritos*.

Irvênia também se posiciona contrariamente à eutanásia, prática que, de minha parte, considero deplorável, pois tenho convicção plena de que o direito de viver ou de deixar de viver pertence exclusivamente a Deus, não nos cabendo interferência direta. A eutanásia como alternativa decorre do fato de a ciência ser materialista, e, no caso dos animais, da pequena parcela que possui alguma crença, poucos são os que admitem a existência da alma nos animais.

Tal alternativa deve ser considerada apenas em casos muito especiais.

Particularmente, acredito que a prece, aliada à intenção de praticar o bem em auxílio a um ser em sofrimento, atraia a presença dos espíritos encarregados desse tipo de assistência. Se temos fé em Deus e na ação de seus mensageiros, o que fazemos é pedir a assistência desses mentores espirituais, para que o ser amado não sofra mais do que o necessário e tenha minimizada ao máximo sua dor.

A circunstância que vivenciávamos com a doença de Duda tinha o respaldo que o conhecimento espiritual nos proporcionava; este, por sua vez, garantiu o alento necessário e a certeza de podermos ajudá-la. Tinha consciência de que o processo era irreversível, mas queria evitar que ela sofresse muito no final.

Vemos, portanto, mais uma contribuição da doutrina espírita, trazendo consolo e alívio de forma integral à vida das pessoas — algo muito gratificante.

Esses pequenos companheiros, ainda se debatendo nas faixas do instinto, cuja inteligência desperta para voos mais altos, não poderiam ficar alheios à ação da bondade infinita de Deus.

Como afirmava Francisco de Assis, eles também são nossos irmãos!

Capítulo 6

A alma de Duda sobreviveria?

> *Pois que os animais possuem uma inteligência que lhes faculta certa liberdade de ação, haverá neles algum princípio independente da matéria?*
> *– Há e que sobrevive ao corpo.*
> KARDEC, 2006, p. 332

Em sua preciosa obra *Os Animais têm Alma?*, Ernesto Bozzano já trazia contribuições fundamentadas em relatos de casos valorizados pela abordagem científica da questão.

Sem dúvida, o assunto requer nossa libertação dos resquícios de preconceitos que trazemos de outras religiões às quais pertencemos, ou no passado, em outras vidas, ou na atual existência mesmo.

A ideia de aperfeiçoamento e progresso —

de animais em especial — encontra ainda certa resistência no próprio meio espírita, apesar de o espiritismo apresentar muito claramente em seu corpo doutrinário, como princípio basilar, a evolução do espírito.

A crença de que os animais não possuem alma se origina de antigas concepções, que colocam o homem como um ser privilegiado na Criação, o único capaz de gozar de individualidade e destinado a entrar no reino dos céus após a passagem terrena.

O contraponto de tal afirmação é o conceito de igualdade, que precisa ser inseparável da ideia que nos é possível entender sobre a justiça divina; não há como conceber que um princípio anímico tenha sido criado para evoluir somente até determinado ponto, fadado à ignorância e influência dos instintos mais grosseiros e materializados... E inacessível às benesses do raciocínio desenvolvido.

Como nos diz Flammarion (1990, p. 158): "No amanhecer da Natureza terrestre, já os sóis esplendiam, de há muito, na amplidão dos céus, a gravitarem harmônicos nas órbitas, sob a regência da mesma lei universal que ainda hoje os rege".

Portanto, nosso pequeno planeta nunca foi a medida do Universo, visto que infinitos mundos já existiam na sua formação; da mesma maneira, o homem só é superior, servindo de referência (medida), se considerarmos que ele já percorreu um bom trecho da longa estrada da evolução, estando já adiante dos outros seres do nosso planeta.

Parece, para alguns, que a condição humana seria menos digna se tivesse passado por outros estágios evolutivos, em outros reinos, até chegar ao *Homo sapiens*.

Evidentemente, não se concebem as regiões superiores da espiritualidade como um local destinado aos animais, tais como os conhecemos, mas é importante considerar a aceitação da alma dos animais para podermos pensar na vida deles, na erraticidade e em sua reencarnação.

As condições dos animais na espiritualidade têm sido relatadas em várias obras sobre o assunto.

Em *O Livro dos Espíritos*, quando Kardec (2006) pergunta se existe no animal um princípio inteligente independente da matéria, a resposta positiva foi categórica, fazendo os Espíritos, porém, a seguinte ressalva (p. 332): "Há entre a alma dos animais e a do homem distância equivalente à que medeia entre a alma do homem e Deus".

Vemos, a princípio, que os Espíritos se referiam de fato à "alma dos animais", deixando clara sua existência, pois usaram o mesmo termo (alma) para designar a mesma coisa., embora as espécies fossem diferentes. Além disso, afirmaram ser apenas uma a diferença que existe entre a alma do homem e a do animal: a distância, isto é, o caminho evolutivo percorrido. Acreditamos ser cabal essa assertiva dos Espíritos.

Verificamos, assim, que o princípio inteligente, Kardec (2006), passa por vários estágios, buscando sua individualização, até se tornar o que chamamos de Espírito.

Em André Luiz (1985b), com o aprofundamento que lhe é característico, aprendemos que o homem repete na fase embriogênica a evolução filogenética de todo o reino animal. De acordo com suas palavras:

> *Com a Supervisão Celeste, o princípio inteligente gastou, desde os vírus e as bactérias das primeiras horas de protoplasma na Terra, mais ou menos quinze milhões de séculos, a fim de que pudesse, como ser pensante, embora na fase embrionária da razão, lançar as suas primeiras emissões de pensamento contínuo para os Espaços Cósmicos. (LUIZ, 1985b, p. 53)*

Apesar de não se aperceberem de sua existência como consciência individualizada, atributo exclusivo do homem, e, portanto, sem possuir o livre-arbítrio, os animais, conquanto possuam um princípio inteligente, que podemos chamar de "alma", com algumas restrições, não estão sujeitos aos mesmos processos que o homem.

Kardec (2006, p. 337) ainda acrescenta judiciosamente: "Acreditar que Deus haja feito, seja o que for, sem um fim, e criado seres inteligentes sem futuro, fora blasfemar da sua bondade, que se estende por sobre todas as suas criaturas".

Quem de nós já não teve uma experiência instigante com seu animal de estimação, que demonstrou possuir um grau de inteligência à parte?

A questão sobre inteligência e instinto é passível de muitas discussões e longas argumentações teóricas, entre o que é aprendido e a capacidade inata, que não cabem ao propósito deste livro.

André Luiz (1985b, p. 212), no entanto, destaca em relação à inteligência: "[...] o cão e o macaco, o gato e o elefante, o muar e o cavalo, como elementos de vossa experiência usual [...], [são] mais amplamente dotados de riqueza mental, como introdução ao pensamento contínuo".

Em seu interessante livro, o psicólogo Coren (1996) criou uma classificação por raças, relacionando a inteligência à capacidade de obediência e trabalho.

A doutora Kaminski et al. (2004), pesquisadora da compreensão da linguagem nos cães, desenvolveram uma teoria com base em estudos nos quais avaliam a capacidade desses animais de adquirirem conceitos (palavras) e de deduzirem, inferindo itens novos por exclusão, por meio do chamado *fast mapping* (algo como um "mapeamento rápido"), no qual um animal exposto uma única vez a informações consegue aprender significados antes desconhecidos.

Em relação a isso, lembro-me de que, por ocasião da troca de meu sofá da sala (Duda havia feito alguns estragos nele), eu lhe havia recomendado que não subisse mais no mesmo, pois teríamos alguns "probleminhas" se isso ocorresse.

Sabendo que a comunicação com os animais se faz pelo pensamento, ou seja, por telepatia, sabia que não eram as minhas palavras que seriam entendidas, mas a ideia que eu lhe havia sugerido; mesmo assim, me chamava a atenção o fato de que nossa cachorrinha nunca mais tivesse subido no novo sofá.

Certo dia, eu e meu marido acordamos muito cedo, antes de o relógio despertar. Aguardávamos o toque quando pudemos ouvir claramente que, no momento em que soou o alarme, a pequena travessa pulou do sofá para a sua cama.

Eu e André nos olhamos e compreendemos o que estava acontecendo. Duda dormia todo o tempo no sofá e, de manhã, quando soava o despertador, ela pulava para a cama dela!

Passei a investigar para ter certeza e verifiquei que, sempre que a encontrava dormindo na *caminha*, havia um lugar no sofá levemente marcado e com o calor do corpo dela.

A cachorrinha havia entendido meu recado, mas não como eu imaginara.

Capítulo 7

Os animais e a Lei de Causa e Efeito

*Se os animais estão isentos da lei de causa e
efeito, em suas motivações profundas, já que
não têm culpas a expiar, de que maneira se lhes
justificar os sacrifícios e aflições?*
EMMANUEL, 1981, p. 70

Quando analisamos a dor e seus efeitos, segundo a visão espírita, sempre consideramos sua função retificadora e educativa. Segundo Denis (1985, p. 371): "Tudo o que vive neste mundo, natureza, animal, homem, sofre e, todavia, o amor é a lei do Universo e por amor foi que Deus formou os seres". Isso significa que a dor não é privilégio do ser humano, mas está ligada à existência dos seres como uma "lei de equilíbrio e educação".

No contexto de uma fé raciocinada, tais

ideias são facilmente aceitáveis; no entanto, quando se trata do sofrimento dos animais, paira em nossa mente a dúvida levantada na abertura deste capítulo.

De acordo com a lei de causa e efeito ou de ação e reação, ou segundo as palavras de Jesus — "a cada um segundo as suas obras" —, somos sempre responsáveis por nossos atos perante nossa consciência e as leis divinas — nenhum ato que desrespeite essas leis fica sem a respectiva reparação. Por outro lado, também sabemos que a misericórdia divina e nossas boas ações cobrem uma "multidão de pecados".

Como explicar, então, as aflições a que alguns animais são submetidos?

Vi em várias oportunidades notícias em jornais que prefiro não relatar aqui por serem chocantes demais. O nível de crueldade dos atos praticados deixa-me perplexa. De acordo com a justiça equânime do Criador, como entender esses fatos?

O irracional, pela própria condição, exime-se

da culpa, mas, sendo instrumento de atos que transgridem as leis divinas, fica sujeito à ação delas, quando então experimentará o princípio da ação e reação, que contribuirá para o seu aprendizado.

O sofrimento, sendo partilhado por todas as criaturas, segundo afirma Denis (1985, p. 372), "[...] deve ser considerado como uma necessidade de ordem geral, como agente de desenvolvimento, condição de progresso".

Questionado sobre a questão do sofrimento e do livre-arbítrio em relação aos animais, Chico Xavier, em *Lições de Sabedoria*, afirma:

Se nós, seres humanos, já alcançamos os domínios da inteligência, desenvolvendo agora as potências intuitivas, eles, os animais, estão aperfeiçoando paulatinamente seus instintos na busca da inteligência. Da mesma maneira que nós, humanos, aspiramos a alcançar algum dia a angelitude na Vida Maior, personificada em nosso mestre, o Senhor Jesus, eles, os animais, aspiram a ser, num futuro distante,

> *homens e mulheres inteligentes e livres. Assim sendo, nós podemos nos considerar como irmãos mais velhos e mais experimentados dos animais. (NOBRE, 1996, p. 194)*

Prosseguindo em suas valiosas elucidações, Chico explica: "A responsabilidade maior recairá sempre nos desvios de nós mesmos, que não soubemos guiar os animais no caminho do Amor e do Progresso, seguindo a Verdade de Deus".

Emmanuel nos convida a interpretar o assunto segundo um entendimento mais abrangente. Assim, nos situa, afirmando (1981, p. 70): "Ninguém sofre, de um modo ou de outro, tão somente para resgatar o preço de alguma coisa. Sofre-se também angariando os recursos precisos para obtê-la". E, adiante, completa:

> *Dor física no animal é passaporte para mais amplos recursos nos domínios da evolução. Dor física, acrescida de dor moral no homem, é fixação de responsabilidade em trânsito para a Vida Maior. (EMMANUEL, 1981, p. 73)*

Neste caso, para o animal, o sofrimento se alia à caminhada evolutiva a título de experiência aquisitiva e de aprendizagem, embora nos seres humanos, na maior parte das vezes, ele possua um caráter retificador.

Ainda de acordo com Chico, nossa atitude em relação aos animais, na condição de verdugos irresponsáveis, gera desequilíbrios pelos quais assumimos grandes compromissos:

Tudo isto se resume em graves responsabilidades para os seres humanos, a angústia, o medo e o ódio que provocamos nos animais lhes altera o equilíbrio natural de seus princípios espirituais, determinando ajustamentos em posteriores existências, a se configurarem por deformidades congênitas. (NOBRE, 1996, p. 195)

Concluímos, assim, que, para que a justiça seja equânime, torna-se necessário que todos estejamos sujeitos às mesmas leis e que sejamos responsáveis de modo semelhante, ressalvando-se a faixa evolutiva de cada ser.

Retomando Kardec (2003, p. 148), só nos cabe ressaltar: "Tudo é sábio nas obras de Deus".

. . . . .

Eram oito horas da manhã de um domingo de agosto. Duda não passara bem durante a noite e, logo cedo, procuramos a clínica veterinária. Enrolada em sua coberta, nossa Duda resistia.

Ao chegarmos, a veterinária a examinou e percebeu que a cachorrinha se encontrava desidratada. Colocou-a rapidamente no soro e ficamos aguardando. Nessas horas, não há muito o que falar; apenas orar. Assim, enquanto os meninos aguardavam notícias em casa, eu e André orávamos por Duda.

Algumas horas mais tarde, nossa cachorrinha foi liberada mais fortalecida; junto com ela, uma lista grande de medicação.

Ao retornarmos, buscamos um local onde comprar algo para comermos, pois já era tarde. Estacionamos e André saiu do carro para buscar o almoço; Duda se levantou do meu colo e o acompanhou com o olhar até que desaparecesse dentro do estabelecimento.

Lembro que a observava, segurando-a em meu colo... Percebia que estava ansiosa com a demora de meu marido; conversava com ela, tentando acalmá-la.

Acho importante relatar esse fato, pois André não possuía nenhum vínculo especial com Duda. E, ainda assim, a cachorrinha não desistia de tentar conquistá-lo.

Passados uns quinze minutos, ele saiu e, em vez de se dirigir para o carro, atravessou a rua. Foi a gota d´água para Duda! Além de sair e entrar em um local desconhecido (para ela), ele não retornara ao carro!

A angústia dela era tanta que não conseguia acalmá-la; só sossegou quando viu que André retornava.

Como eu também não havia entendido o motivo de ele não ter voltado, meu marido explicou que havia esquecido o celular (eu também) e que tinha ido ligar do telefone público para dar notícias aos meninos.

Só então Duda se aninhou em meu colo e descansou.

. . . . .

O domingo passou em meio à nossa apreensão e à expectativa de melhoras. Mas no dia seguinte Duda começou a tossir. Pensei que algo a tivesse machucado, pois ela tinha dificuldade para engolir.

Ligamos para a veterinária, que solicitou que a levássemos a um hospital veterinário, onde ela também trabalhava. Para lá são levados animais com todos os tipos de enfermidades.

Nossa pequena fez um raio-X do tórax, pois a suspeita era de pneumonia. Nessas horas, acovardava-me, e André assumia o papel de "pai".

Esperamos por horas em um hospital frio, junto a cães muito doentes.

É impressionante como as pessoas se descuidam de seus animais! Havia uma cachorrinha de porte grande, com um tumor imenso na região genital; mal podia caminhar devido ao peso daquela massa estranha, e perdia muito sangue... Quem a levara (e a deixara chegar àquele ponto) dizia que tinham de tomar uma providência, que a cachorrinha precisava ser internada.

A equipe médica avaliava, pois era evidente que o animal iria morrer; só se esqueciam de que, enquanto discutiam, a pobrezinha sofria muito.

Às vezes esquecemos que somos responsáveis por essas criaturas, que são de Deus, sobretudo! Não podemos abandoná-los à própria sorte, já que, como crianças espirituais, necessitam de nossa tutela para viver. Segundo as palavras do mentor Alexandre, na obra de André Luiz:

> *Os seres inferiores e necessitados do Planeta não nos encaram como superiores generosos e inteligentes, mas como verdugos cruéis. Confiam na tempestade furiosa que perturba as forças da Natureza, mas fogem desesperados à aproximação do homem de qualquer condição,*

> *excetuando-se os animais domésticos que, por confiar em nossas palavras e atitudes, aceitam o cutelo no matadouro, quase sempre com lágrimas de aflição, incapazes de discernir com o raciocínio embrionário, onde começa a nossa perversidade e onde termina a nossa compreensão. (LUIZ, 1985a, p. 42)*

Enquanto aguardávamos o resultado dos exames, pensava: "Como será quando ela não estiver mais conosco?".

Meus filhos eram muito pequenos quando Duda havia chegado a nossa casa. Tiveram a noção de perda, quando a bisavó desencarnara; como somos espíritas, essa partida havia sido superada com muita tristeza, mas serenidade, pois, apesar de pequenos, já possuíam a convicção de que a vida continua.

Contudo, no caso de Duda, era mais complicado. Como explicar que um cachorro tem alma e que ela continua existindo também? Sim, teria de estudar bastante o assunto...

. . . . .

Quando a veterinária nos deu o diagnóstico, que para nós foi mais um veredicto, sabíamos que as esperanças eram poucas. Além do câncer, estava com pneumonia. Não comia nem bebia.

Falei com a médica, e ela disse que não seria bom hospitalizá-la, pois Duda deveria estar com a imunidade baixa em função da quimioterapia.

A fim de nos animar, resolveu dar uma porção de comida em lata para Duda. Para nossa surpresa, Duda comeu quase a metade! Ficamos eufóricos e, ao sairmos, fomos direto comprar várias latas de comida. Mas, infelizmente, ela não comeu nenhuma.

Nos dias seguintes, conseguíamos apenas dar água e leite em uma seringa... Duda não conseguia engolir. Por orientação da médica, dávamos leite condensado, colocando-o na boca, na tentativa desesperada de que se alimentasse.

Minha mãe vinha quase diariamente para cuidar da cachorrinha, visto que precisava me ausentar para o trabalho. Minha irmã, que também possui grande ligação com os animais, ajudava como "enfermeira".

Só nos restava aguardar...

Capítulo 8

Duda estava partindo

[...] Eis o porquê da conclusão legítima de que tudo decorre para demonstrar a realidade da existência e da sobrevivência da psique animal.
BOZZANO, 2007, p. 210

Ao participar de nossa vida, um animal de estimação assume um lugar importante dentro dela.

Esses companheiros, que Jesus permite acompanhem nossa jornada na Terra, buscando aprendizado e experiências, muitas vezes nos proporcionam grandes ensinamentos. Dedicação, fidelidade, amizade e companheirismo criam laços que se perpetuam, visto que o princípio inteligente que existe no animal sobrevive e se mantém individualizado após sua morte.

Nesse aspecto, os cuidados e o carinho que

lhes dedicamos são lícitos, uma vez que temos responsabilidades para com eles; não devemos, no entanto, cair nos excessos de atenção, transformando-os em bibelôs, como enfeites, excessivamente mimados e fazendo-os agir contra a sua natureza. Em tal caso, existirá uma inversão de valores que está longe de significar respeito e consideração pelo animal.

Certa vez, quando estava em Uberaba, em visita ao querido Chico Xavier, pude acompanhar pessoalmente uma situação interessante: um casal perdera um filho que gostava muito de animais. Desesperados com a perda, resolveram se dedicar a uma causa nobre em nome do filho. Decidiram abrigar cães abandonados, tratando-os e os encaminhando à adoção.

Ocorre que foram muito criticados, até mesmo por espíritas. Os críticos argumentavam que havia muitas crianças pobres e abandonadas e que era um desperdício despender recursos com tais providências em vez de destiná-los às crianças necessitadas.

Indecisos, e por certo magoados, resolveram recorrer ao Chico. Ele então recebeu uma mensagem ditada pelo rapaz desencarnado, na qual agradecia e garantia que o trabalho deles era abençoado por Jesus. Que não ligassem para o julgamento do mundo, mas que fizessem todo o bem que pudessem, independentemente de o beneficiado ser animal ou humano.

Todos os seres da Criação fazem parte da obra de Deus e são dignos igualmente de nossas ações para o bem. Por isso, vemos com muita alegria o número de organizações aumentar visando ao auxílio e cuidado dos animais.

As crianças são as flores do jardim divino e os animais, os germens que um dia desabrocharão. Enquanto estagia nos reinos inferiores da evolução, embora possua certas necessidades semelhantes às nossas, em particular as fisiológicas, o Espírito precisa galgar degraus que lhe permitam amplas experiências na aquisição do aprendizado indispensável. Portanto, devemos amar e proteger os animais, mas não transformá-los em um "humano de quatro patas".

· · · · ·

A semana passara sob apreensões e expectativa.

Certa noite, quando terminava de escrever um capítulo do livro *Das legiões ao calvário*[2], trabalho que realizei com a permissão dos mentores, em minha casa, devido à sua peculiaridade, tive certeza de que Duda partiria em breve. Fui até a sala e, ao vê-la, pressenti que se desligava do corpinho doente.

Até então, meu marido e filhos tinham esperança de uma recuperação.

Coloquei Duda no sofá (o que agora lhe era amplamente permitido!) e comecei a conversar com ela. Disse-lhe que era muito grata pelo carinho, fidelidade e "cuidados" que havia dedicado à minha família, e que jamais a esqueceria. Também lhe falei que pediria a Jesus que retornasse

---

[2] TARQUINIUS (*Espírito*). *Das legiões ao calvário*. Psicografia de Tanya Oliveira. 2. ed. São Paulo: Lúmen, 2009.

em um lar que lhe dedicasse tanto amor quanto o nosso e que, se por acréscimo de misericórdia do Senhor, retornasse para nós, seu lugar sempre estaria à espera dela.

O pobre animal, apesar do estado em que se encontrava, levantou com dificuldade e, quase se arrastando, aproximou-se de mim e lambeu as minhas mãos.

Não é preciso dizer a emoção que senti naquele momento...

. . . . .

No sábado, eu e André tínhamos um curso na Federação Espírita do Rio Grande do Sul.

Pela manhã, leváramos Duda à veterinária e, devido ao estado em que se encontrava, foram feitos alguns exames e ficou confirmado, além de todo o resto, o diagnóstico de *cinomose*. Praticamente sem imunidade, a ida dela ao hospital veterinário havia lhe acrescentado mais uma moléstia.

A evolução tinha sido bastante rápida e Duda já apresentava alguns sinais neurológicos característicos da doença. Os pelos ao redor dos olhos e da boca, embora não os houvesse perdido, tinham branqueado pela ação da quimioterapia, e apresentava um leve tremor de cabeça, resultado da cinomose.

Estava com muito medo de que chegasse a hora de eu ter de decidir quanto ao fim de sua existência. Esse pensamento causava-me grande sofrimento, e eu orava para que a providência divina agisse antes...

No meio da tarde, enquanto assistíamos ao curso, meu celular tocou. Era a veterinária, informando-me que Duda não estava estável e que preferia que fôssemos à clínica. "Chegou o momento!", pensei.

Fomos imediatamente buscar nossos filhos em casa e nos dirigimos à clínica. Todos chorávamos, pois acreditávamos que, ao encontrar Duda, ela já estaria sem vida.

Não sei por quê, mas o caminho pareceu ter ficado mais longo.

Quando chegamos, apreensivos, corremos até a porta da clínica e, para nosso espanto, Duda estava tranquila no colo da veterinária, surpreendentemente estável.

Abraçamos nossa querida cachorrinha e retornamos com ela para casa, com a certeza de que ainda lutava para não nos deixar.

Capítulo 9

A morte de Duda

Após a morte, conserva a alma dos animais a sua individualidade e a consciência de si mesma? Conserva a sua individualidade; quanto à consciência do seu eu, não. A vida inteligente lhe permanece em estado latente.

KARDEC, 2006, p. 333

Nos últimos dias da vida de Duda, buscamos no auxílio espiritual o reconforto para nós e para ela. Orávamos e buscávamos leituras que nos reconfortassem o coração.

Gosto muito de música e achei que cantar seria uma maneira de nos ligarmos com a Espiritualidade e abrandarmos o sofrimento.

Já havia elegido algumas músicas que eram "dela" e, ao cantar, notava em seu olhar um brilho de gratidão.

A cada dia aqueles olhos vivazes, que sempre me procuravam, principalmente quando Duda estava em apuros, pareciam mais distantes.

No fim, a Duda arquejava e mal conseguia respirar.

Em agosto de 2007, no dia do aniversário de Fábio, meu filho mais novo, ela havia piorado bastante. Passara o dia sob os cuidados dos meninos e de minha mãe; quando cheguei em casa, sabia que não se demoraria entre nós.

Coloquei-a em meu colo e cantei uma música de que Duda gostava muito (sim, ela gostava de música!), que falava de um grande amor por alguém; por isso considerávamos aquela a "música de Duda". Além desta, gostava de cantar músicas espíritas, que não apenas contribuíam para a harmonia do ambiente, facilitando o auxílio espiritual que Duda estava recebendo, como também nos tornava a experiência menos dolorosa.

Às dezoito horas, ao fazermos a prece, vi a seu lado o espírito de uma jovem, que me pareceu uma enfermeira. Sabia que Duda estava sendo auxiliada pelo plano espiritual e me senti confortada ao identificar aquele auxílio em seus momentos finais.

Estava chegando a hora da partida de nossa Duda.

Por volta das dezenove horas, André chegou do trabalho. Disse-lhe que ela estava morrendo e que deveríamos levá-la para uma clínica perto de casa, onde tudo começara. Fora naquela clínica que haviam solicitado a biópsia.

Ao colocá-la no chão, a cachorrinha deu alguns passos e tentou beber água, porém não teve forças para chegar até o pote. Fábio comentou:

— Mãe, ela não consegue nem beber água!

Peguei o cobertor dela e saímos, eu, André e Fábio. Não conseguia chorar, porque já tinha chorado demais...

Descemos e entramos no carro; a seguir saímos e a entreguei para Fábio. Em seus braços, ela começou a pender a cabecinha para os lados; não mais se sustentava. Ao perceber, falei:

— Vamos logo para a clínica!

No carro, ela como que gritou, ganiu alto... e quedou inerte. Seu coraçãozinho parava.

Meu filho, com ela no colo, disse chorando:

— Mãe, ela morreu!

Eu estava no banco de trás e percebi que ela nos deixava. Duda deu mais um grito e caiu inerte. Nossa querida amiga e companheira partia naquele momento.

Segurei-a em meus braços e, enquanto André dirigia, fazendo uma prece, retornamos para casa. Ao nos ver, Thiago e Lucas entenderam o que havia acontecido. Apenas comentei:

— Nossa Duda se foi...

Coloquei o corpinho dela sobre o sofá e a abracei. Sabia que aquilo aconteceria e, prevendo aquele momento, pedi a uma amiga, Ilza, permissão para enterrá-la em seu sítio. A boa amiga — que também possui grande afinidade com os animais — concordou e nos ajudou bastante naquela hora.

Com o entendimento baseado na amizade e em sua vivência com a sua cachorrinha "Mel", Ilza pôde compreender a nossa tristeza.

Estava desolada, não apenas pela morte da minha cachorrinha, mas por não poder dar vazão ao sofrimento que sentia naquele momento. Lutava para não demonstrar a tristeza e a saudade que sentia da querida Duda.

Infelizmente, no próprio meio espírita não havia entendimento e, posso dizer, conhecimento, para maior compreensão do assunto. Ao mesmo tempo, sabia que muitas pessoas sofriam com a perda de entes queridos e não queria ofendê-las com o meu sofrimento por uma cachorrinha.

Foi só após a morte de Duda que busquei nas Obras Básicas da Doutrina Espírita subsídios para compreender a realidade dos animais. Verifiquei que o assunto está sendo retomado com novos esclarecimentos, que se coadunam com o que já existia.

O maior consolo, entretanto, recebi não apenas nas obras de Chico Xavier, mas em sua própria vivência. Seu amor e carinho pelos animais, além do cuidado e respeito, exemplificaram o amor verdadeiramente cristão.

Por intermédio da obra de André Luiz, recebi também inestimável contribuição sobre o assunto. Já há alguns anos, vários médiuns ou escritores têm abordado esse tema com o respeito que ele merece.

Perguntava-me: onde estaria Duda? Teria ido para alguma colônia espiritual? Há relatos sobre a existência de tais locais no Plano Maior.

Capítulo 10

Chico Xavier
e os animais

*Em que esfera estivemos um dia, esperando
o desabrochamento de nossa racionalidade?
Desconheceis ainda os processos, os modismos
dessas transições, etapas percorridas pelas espécies,
evoluindo sempre, buscando a perfeição suprema e
absoluta, mas sabeis que um laço de amor nos reúne
a todos, diante da Entidade Suprema do Universo.*

EMMANUEL, 1938, p. 96

No meio espírita é conhecida a afeição que Chico dedicava aos animais.

Muitas histórias fazem parte da tradição em conversas e relatos informais entre espíritas, quando o assunto é sobre os nossos irmãozinhos.

Em relação a Chico, as palavras são pobres para expressar todas as lições que este ser angélico nos deixou em sua passagem pela Terra.

Lembro-me, nesse momento, de um trecho transcrito por Adelino da Silveira, quando Chico o questionou sobre o porquê de as pessoas o procurarem, visto que ele se encontrava em precárias condições de saúde. A resposta que recebeu é preciosa, e retrata o que também sentimos em relação a Chico Xavier: "Chico, acho que eles estão com saudades de Jesus" (SILVEIRA, 1999, p. 150).

Também em relação aos animais, Chico deixou não apenas ensinamentos, mas exemplos vivos. Quem já esteve em sua residência — agora transformada em museu — pôde conferir o grande número de fotografias de Chico junto a seus animais de estimação.

Atualmente, tenho ouvido mesmo que o conceito de "proprietário" está sendo substituído por "tutor" e "protetor"; o Chico há muito nos ensinava que os animais são, na verdade, "nossos irmãos"...

Talvez tenha causado espanto a muitos o quanto a morte de Duda nos abalou, pois, como espíritas, com certo conhecimento sobre a vida espiritual, não deveríamos sofrer por um cachorro. Isso me incomodava um pouco... Por que sentíamos tanto a falta dela?

Comecei a ler sobre o assunto e, a cada dia, ficava mais interessada e reconfortada, pois o próprio Chico havia sofrido pela perda de seus pequenos amigos.

Ao ler o livro de Nena Galves (2008, p. 65), tive a grata surpresa de ver escrito, com a letra de Chico, um bilhete no qual lamentava a morte de seu cão: "[...] depois deste cartão escrito, *tivemos a provação do falecimento do Brinquinho*. Ele teve uma parada cardíaca e não resistiu. Perdemos neste plano um companheiro e amigo". (Grifo meu.)

Em relação a Brinquinho, em Prada (2007) é relatado que esse cachorrinho tão amado por Chico era, na realidade, a reencarnação de Dom Pedrito, outro cachorrinho que havia morrido atropelado.

Segundo relata a autora (2007, p. 69), o próprio Emmanuel, o teria apresentado ao Chico, dizendo: "— Chico, preste atenção neste cãozinho. É o Dom Pedrito que está voltando para você".

Para mim, começava uma nova lição, que me mostrava, de forma recorrente, o quanto Jesus sempre supera nossas expectativas.

Em vários momentos, Chico demonstrou pesar com a partida de seus cães. Lembremos também os cuidados que lhes dispensava. As histórias são muitas, mas algumas possuem particular beleza. Na obra *Mandato de amor* (1992 *apud* VIEIRA e ABDALA, 2000) é relatado um caso comovente.

Conta-se que Chico saía de casa todos os dias na hora do almoço pedindo que preparassem algum alimento (um frango) para levar a um doente necessitado. Curioso, o responsável pelas tarefas domésticas, o senhor Benedito, resolveu um dia segui-lo; sem perceber, Chico entrou em um matagal e ofereceu a refeição a um cãozinho faminto e machucado!

Vemos, portanto, que, em todas as instâncias da vida, Chico exemplificou a vivência do Evangelho.

Quando a cachorrinha Boneca partiu,

Chico a cobriu com uma manta e orou, dando demonstrações de sentir profundamente sua falta.

Também possuía vários gatos, e, em Nobre (1996), a autora relata alguns casos interessantes. Um deles se refere a um gato muito arisco, que Chico alimentava diariamente.

Em certa ocasião, encontrou o animal muito doente, babando bastante; Chico pensou que ele tivesse sido envenenado, mas soube por alguém que estava brincando com uma aranha algumas horas antes. Como permanecesse agressivo, segundo Nobre (1996, p. 244), Chico o aconselhou:

— *Olha, você está morrendo. Nosso amigo pediu um passe e eu, com a permissão de Jesus, vou transmitir. Mas você tem que colaborar, pois está muito doente. Em nome de Jesus, você fique calmo e abaixe a cabeça, porque quando a gente fala no nome do Senhor é preciso muito respeito.*

O gato se esticou e ficou quieto, enquanto Chico transmitia o passe; ele o pegou no colo e pediu que trouxessem um pouco de leite. Com um conta-gotas, colocou o líquido na boca do gatinho, que se recuperou plenamente, tornando-se um grande amigo de Chico.

Importa reconhecer que os grandes espíritos que passaram pela Terra sempre deram demonstrações de carinho e respeito aos animais.

Em relação à Boneca, Chico se refere à outra questão, que é a continuidade da vida dos animais após o desencarne, e também aborda o assunto da reencarnação deles. Declara que Boneca, então desencarnada, ensinava à nova cachorrinha que lhe fora presenteada, a agir como ela agia em relação a Chico.

Marcel Benedetti, veterinário que realizou um belo trabalho de conscientização no amparo aos animais, especialmente na questão da espiritualidade, em seu livro *Todos os animais merecem o céu*, por intermédio das palavras do mentor João Rubens, afirma que a decisão de onde os animais renascerão é de "[...] uma comissão que analisa as fichas dos animais periodicamente para avaliar se nascem novamente no mesmo ambiente, na mesma família ou se na mesma espécie [...]" (BE-NEDETTI, 2004, p. 251).

Entendemos que o animal, após o desencarne, pode ser trazido ao ambiente que lhe é familiar, pois sente tanta falta quanto nós da casa onde viveu e das pessoas a quem dedicava afeição. Portanto, é possível que um animal permaneça longos períodos em nossa companhia, voltando em novas encarnações no mesmo lar que o abrigou. É permitida, assim, a oportunidade de uma nova vida naquele lar, cujo ambiente conhece e onde deverá completar o aprendizado que aquelas pessoas podem lhe proporcionar.

Após apresentar alguns casos, Prada (2007, p. 71) conclui: "Pelos relatos que acabei de apresentar, é bem provável que a reencarnação também possa favorecer o reencontro afetivo de homens e animais [...]."

Por outro lado, quando o dono desencarna, o sofrimento do animal também é intenso. A saudade leva, muitas vezes, à morte esses companheiros.

Existem muitas histórias sobre a fidelidade

canina, mas a de Mozart é bastante conhecida. Conta-se que o famoso compositor Wolfang Amadeus Mozart (1756-1791) morreu na miséria e foi enterrado em uma vala comum em Viena.

Sua esposa, Constanze, que estava em Paris, ao saber do ocorrido, dirigiu-se a Viena, mas, ao tomar conhecimento de que o marido havia sido enterrado como indigente, desesperou-se. Como acharia o túmulo de Mozart, uma vez que fora enterrado como um mendigo, sem ter uma lápide?

Tomou então a decisão de procurar por todo o cemitério, até que em dado momento avistou um pequeno corpo congelado sobre a terra. Ao se aproximar, reconheceu o cachorrinho de Mozart.

Graças ao amor desse animal, o corpo de Mozart pôde ser removido para um grande mausoléu, onde repousa com os restos de seu cão. Este preferiu a morte a permanecer vivendo sem o dono...

Eurípedes Barsanulfo também possuía um cavalo que se chamava Branquinho. O animal acompanhava o trabalho missionário de Eurípedes, acompanhando-o, segundo Abdala (2008, p. 46)

"[...] no atendimento aos pobres deserdados da sorte material, que necessitavam dos seus cuidados e residiam nas furnas, nos vales, às margens do Borá, onde se encontravam verdadeiros cânions".

Prossegue o autor: "A afinidade entre o homem e o animal era tanta, fruto, de um lado, da evolução santificante e do outro da doçura animal, que ambos trabalhavam sem parar".

Quando Eurípedes desencarnou, Branquinho, já velho, ficou triste e cabisbaixo. Era visível a saudade estampada no semblante do animal.

Felizmente, uma boa alma, parente de Eurípedes, resolveu cuidar do animal até a sua morte.

. . . . .

Outro caso é o de Balô, de nossos amigos Fernando e Marilene, já aqui mencionados.

Balô era o cachorro de João, filho do casal. Em abril de 2009, o querido João retornava à pátria espiritual, então com trinta anos de idade. Jovem e cheio de vida, João Alberto vivia cercado por muitos amigos; piloto de avião praticava vários esportes e era bastante ligado aos animais e à natureza. Costumava surfar junto com Balô, que o acompanhava alegremente.

Com a partida de João, Balô se tornou um cão tristonho. Pode-se ver em seu olhar, ainda hoje, a tristeza da saudade.

Como João brincava muito com ele, hoje em dia Balô não se afasta nem por um minuto de uma bolinha que os acompanhava sempre nas brincadeiras. Além disso, o querido amigo canino ainda espera, à porta da casa, o retorno de seu amigo.

Pude presenciar essas cenas e, por acréscimo de misericórdia, verificar o imenso carinho que João dedica, da espiritualidade, não apenas aos familiares, mas também ao querido Balô.

Esses laços são mais profundos do que se imagina e, sem que percebamos, trata-se apenas do encadeamento lógico das leis que regem a relação entre os seres da Criação... Encadeamento este que, na maioria das vezes, transcende nosso acanhado entendimento.

Capítulo 11

No plano espiritual

O gás se mineraliza,
O mineral se vegetaliza,
O vegetal se animaliza,
O animal se humaniza,
O homem se diviniza.
BOZZANO, 2007, p. 206

Muito se tem falado, em várias obras espíritas, sobre as condições dos animais após a morte.

As obras básicas da doutrina espírita, codificadas por Allan Kardec, e os livros de André Luiz e Emmanuel — psicografados por Chico Xavier — têm servido de referencial teórico para fundamentar nossas lembranças.

Entretanto, uma série de autores, entre os quais citamos Herculano Pires, Eurípedes Küll,

Irvênia Prada e Marcel Benedetti, têm abordado o assunto com a autoridade que a prática profissional ou a experiência lhes impõe, tratando o tema exaustivamente.

Não é minha intenção retomar esses conceitos, uma vez que os considero devidamente explanados.

Partimos de Kardec (2006, p. 333) para as considerações que aqui trouxemos, quando pergunta (na questão 598) se após a morte conserva a alma dos animais a sua individualidade e a consciência de si mesma: "Conserva sua individualidade; quanto à consciência do seu 'eu', não. A vida inteligente lhe permanece em estado latente".

Na questão seguinte (pergunta 599), Kardec indaga: À alma dos animais é dado escolher a espécie de animal em que reencarne?

"Não, pois que lhe falta livre-arbítrio".

. . . . .

Logo após o desencarne de Duda, quando fomos enterrar seu corpinho, na volta meus filhos trataram de retirar "de cena" tudo o que pudesse lembrá-la. Assim, sua caminha, que ficava na sala, foi guardada, bem como os pratinhos de água e comida, as roupinhas etc. Quando percebi, não havia mais nenhum sinal de Duda; achei que seria melhor dessa maneira, e prosseguimos com nossa vida.

Fazia uma semana que a Duda havia desencarnado quando sonhei que ela estava muito sonolenta no meio da sala, procurando sua cama. Sem me dar conta de que ela havia desencarnado, disse-lhe que lhe faria uma nova cama, em um canto do sofá, para que descansasse. A "Duda espiritual" me olhou, balançou o rabo e correu para cima do sofá.

Ao acordar, fiquei muito feliz, pois tinha certeza de que ela ainda estava em minha casa.

A seguir, foram-se sucedendo vários episódios nos quais eu a via, ouvia os seus passinhos e, certa feita, cheguei mesmo a ouvir seu latido!

Cenas corriqueiras nas quais ela protagonizava situações "caninas", típicas de um cão, eram por mim detectadas pela sensibilidade mediúnica, o que me reconfortava muito.

Delanne (1989) narra interessante fato relacionado a uma sessão de magnetismo, onde uma moça em estado sonambúlico, ao ver uma aranha ser morta, afirmou ter visto uma forma que se evolou no momento da morte, a que ela chamou de o "Espírito da Aranha".

O que na realidade foi visto, segundo Delanne (1989, p. 87) foi "o perispírito, ou seja, o invólucro da alma; e que tanto nos animais, como no homem, o princípio pensante é sempre individualizado no fluído universal".

A ideia de que os animais pudessem continuar na vida espiritual me levava a ter uma maior compreensão da vida e atestar que a obra de Deus é realmente de uma completa e incomensurável misericórdia. Os laços que se formam ao longo da trajetória evolutiva passam a ter um significado extraordinário se atentarmos ao fato de que as ligações entre os seres transcendem a própria espécie.

Vale citar as considerações de Bozzano sobre o assunto:

De qualquer forma, não é menos verdade que a teoria da sobrevivência animal [...], careceria de uma base racional se esta não fosse completada pela hipótese da reencarnação [...]. Logo, conclui-se que as formas animais da existência terrestre, assim como as variações da raça humana, só podem ser consideradas como formas transitórias pelas quais todos os seres vivos terão de passar [...]; sem o que a vida no Universo não se explicaria e seria sem finalidade, assim como não existiria nenhuma justiça no mundo. (BOZZANO, 2007, p. 204)

Como afirmamos anteriormente, na igualdade do caminho a percorrer reside o princípio que irmana todos os seres; não somos privilegiados, mas coautores no cenário da evolução.

Tal ideia nos faz perceber que estamos integrados nesse plano e, como parte de um todo, nossos companheiros, que buscam a conquista da inteligência, estão sujeitos às mesmas leis que nos regem a evolução.

Capítulo 12

A volta de Duda

> *Por meio do Espiritismo, verificamos,*
> *experimentalmente a necessidade da*
> *reencarnação para a alma humana, e a lei*
> *de continuidade, que temos assinalado em*
> *todos os seres viventes, nos induz a crer que o*
> *animal não se forra ao imperativo da mesma*
> *necessidade. Assim, o princípio inteligente*
> *viria sucessivamente a utilizar organismos*
> *cada vez mais aperfeiçoados, à medida que se*
> *tornasse mais apto a dirigi-lo.*
> DELANNE, 1989, p. 88

Considerando a sobrevivência da alma do animal um fato, como consequência, devemos admitir que ela obedece as mesmas leis que regem os destinos humanos.

Quando perdemos um animal, especialmente

em um processo doloroso como foi o de Duda, a primeira ideia que nos acode é a de não querermos outro em seu lugar. Cheguei a pensar nisso, mas, como amo muito os animais, sabia que seria difícil ficar sem um. Contudo, resolvemos dar um tempo. Sabia que para a Duda retornar seria necessário que se recuperasse no plano espiritual e que surgisse a ocasião apropriada. Também deveria ter algumas provas de que seria ela mesma.

Tais ideias me ocorriam, mas não eram originais; na prática, como depois pude constatar, outras médiuns já haviam passado por experiência semelhante.

Para mim, primeiro ela deveria atender pelo mesmo nome, ter hábitos semelhantes, gostar das mesmas coisas e fazer as brincadeiras a que estava acostumada.

Assim passaram-se os meses...

Certo dia vi a imagem espiritual de um filhote em minha cozinha, perto da porta. Achei aquilo estranho, porque acreditava que Duda retornaria na mesma raça, e o filhote apresentava alguns traços diferentes. Fui investigar e verifiquei que, quando novinhos, os dachshund possuem um focinho arredondado, como o que havia visto.

Dias mais tarde, sonhei que o mesmo filhote chorava junto a uma cachorrinha, enrolado em panos. Comentei com meu marido e filhos que a Duda estava "me chamando" de algum lugar...

Mas como iria encontrá-la? Onde estaria? O jeito era orar e aguardar.

Em dezembro, fui ao aniversário de minha irmã e na saída peguei ao acaso um jornal com classificados. Ia lendo sem compromisso quando vi um anúncio que me chamou a atenção. Estavam vendendo duas cachorrinhas da raça dachshund, pretinhas, com trinta dias de vida.

Inconscientemente, fiz o cálculo para ver se seria possível; ela havia desencarnado em agosto e, mesmo que reencarnasse logo, deveria ser gestada por uns sessenta dias.

Bem, era possível...

Retornamos para casa e eu andava às voltas com aquele jornal. Por fim, meu marido perguntou:

— Vamos comprar a cachorrinha?

Respondi, ainda indecisa:

— Vou até lá só olhar, para ver se o que vou sentir quando vê-la...

No domingo que antecedia o Natal, toda a família foi ver se era Duda que voltara.

Ao chegarmos ao endereço indicado, no outro lado da cidade, esperamos algum tempo até que a proprietária dos filhotes retornasse de um passeio. Havíamos marcado para as dezoito horas e já eram 19h15!

Finalmente, quando entramos no apartamento, senti meu coração disparar. E se constatasse que não era ela? O que faria? Compraria mesmo assim?

A moça se aproximou da cachorrinha e perguntou qual delas eu gostaria de olhar; apontei-lhe a mais pretinha. Ela pegou o animalzinho ainda meio sonolento e, quando se preparava para colocá-lo no meu colo, pedi que esperasse. Junto a meu marido e aos meninos, disse:

— Duda, vem com a mamãe!

A cachorrinha despertou no mesmo instante, jogou-se em meu colo, subiu em meu pescoço e começou a me lamber o rosto...

Pelo primeiro teste ela havia passado!

Os dias correram e começamos a cuidar da "nova" Duda. Sim, o nome continuou o mesmo. Até porque ela era idêntica à primeira.

Como chorava muito, pois tinha poucos dias, no início ela ficou em meu quarto. Frágil, pequenina, tinha muito medo de que não sobrevivesse.

Procuramos observá-la, e não posso dizer que nos surpreendíamos. Os primeiros sinais vieram com fatos corriqueiros, por exemplo, os hábitos alimentares, os quais narrei em páginas anteriores, ou a reação ao sinal do interfone, ao elevador etc.

A primeira Duda tinha um ritual quando ouvia o barulho do interfone: corria para a porta e se postava de determinada forma, para aguardar quem estava chegando. Desde o primeiro dia que a nova Duda chegou em nossa casa, ainda pequenina, ocorreu o mesmo, como pude observar.

A "outra", ao ouvir o elevador parar em nosso andar, também aguardava quem chegaria, exatamente na mesma posição que a Duda bebê.

Alguns certamente dirão que esses são hábitos aprendidos e que poderiam ser de qualquer cachorro, mas convém lembrar que foram executados pela pequena dachshund na primeira semana em nossa casa, quando era apenas um bebê. Não houvera oportunidade de ter aprendido nada ainda.

Desde o princípio, a nova Duda começou a comer ração; a veterinária foi taxativa: se lhe déssemos comida, ela nunca voltaria a comer ração.

De fato, a ração é o alimento adequado, pois, além de ser nutricionalmente balanceado, não corre o risco de estragar, causando problemas aos bichinhos.

Certo dia, quando ela se encontrava na sala, em sua caminha (embora desta vez pudesse circular por todo o apartamento, inclusive subir no sofá), fui à cozinha preparar o almoço. Lembram quando narrei que ela corria para a cozinha quando usava determinado tempero? Pois então... Aconteceu de novo. Mal havia começado o preparo da refeição e a "Dudinha" entrou correndo na cozinha e parou a meu lado, estimulada pelo cheiro que identificara como comida.

Mas como? Se ela só comia ração... E eu apenas iniciara o preparo, embora fosse possível sentir o aroma característico do tempero. O que quero ressaltar é que ela ainda não havia sentido o sabor da comida.

São coisas banais, mas que se constituíram, para nós, uma convicção. A dúvida não se referia à reencarnação, mas girava em torno de se *aquela* era a nossa Duda. Se não fosse, não teria problema nenhum; nós a amaríamos de qualquer jeito.

Era importante confirmar a reencarnação, porque, se isso não ocorresse, bem, vocês também não estariam lendo este livro...

. . . . .

A cada dia que passa, Duda nos traz mais alegrias e nos surpreende com sua inteligência e alegria.

Antigas manias e brincadeiras, que fazíamos com a "outra", são provocadas por ela como se fossem coisas costumeiras, que ela sempre havia feito.

Também observamos que a nova Duda apresenta novos comportamentos, "inventando" outras atividades e se relacionando com o mundo de maneira mais feliz.

Parece-nos que ela retornou a um lugar que já conhecia; plena de energia e saúde, poderíamos dizer que ela é uma Duda renovada, dando testemunho dos insondáveis mistérios da vida.

A lição que vivemos com a perda de Duda representa para o nosso círculo familiar a ação das leis divinas que, sendo pautadas por uma justiça equânime, não deixa de agir sem a luz confortadora da misericórdia infinita.

Sobretudo, precisamos ter uma visão mais ampla da vida, sem preconceitos e a predisposição para aprender as lições que ela nos faculta, através dos fatos simples da experiência comum.

Assim, encontramos um convite para meditarmos sobre esse tema:

Em todas as províncias da vida – acrescentamos nós – a mão do Criador inteligente e previdente se revela aos olhos que sabem verdadeiramente ver. E sempre que a dúvida nos perturbe, nada melhor se nos impõe que o estudo acurado da Natureza, porquanto todos os que tiverem consigo o sentimento do belo e verdadeiro, ante o espetáculo maravilhoso da Criação, logo terão dissipadas as nuvens qual floração de luz. (FLAMMARION, 1990, p. 357)

Acreditamos que a humanidade esteja em condições de lançar um novo olhar sobre a questão dos animais. Existe certa mobilização global no sentido de tratá-los com respeito, dignidade e compaixão, sem considerar os aspectos religiosos.

Aqueles que já conseguem perceber além da esfera carnal certamente deram alguns passos à frente na compreensão dos desígnios do Criador.

A espiritualização é um destino do qual o homem não pode fugir, pois é a pura e simples percepção da própria realidade evolutiva.

Nessa marcha, todos nós no planeta seguimos em direção ao objetivo maior, cumprindo a determinação do Alto, reunidos em um concerto universal de paz e fraternidade.

Há muito Francisco de Assis trouxe à Terra essas lições!

A passos lentos caminhamos, realizando um embate íntimo, para nos despojarmos de velhos conceitos, que colocavam o homem como "a imagem de Deus" no sentido físico, material.

Essas representações mentais, que permaneceram incrustadas em nossas almas, precisam ser substituídas pela fé verdadeira, que, baseada no raciocínio e na lógica, pode se sustentar ante os novos tempos.

Ao identificar em um animal o mesmo princípio que nos anima, por vontade de Deus, estamos nos irmanando com Suas criaturas e aprendendo o amplo sentido da palavra "amor". Conforme palavras de Chico Xavier, em resposta a questões formuladas em um encontro em Uberaba, em 31/5/91:

> *Ora, se nós já sabemos que a lei divina institui a solidariedade entre os seres, por isso, podemos facilmente concluir que a nós, seres humanos, Deus outorgou a condução e a proteção de nossos irmãos mais novos, os animais. E o que é que estamos fazendo com esta responsabilidade santa de proteger e guiar o reino animal? Como é que esta Humanidade terrestre tem agido com relação aos animais, nos inúmeros séculos de História? Porventura, nós, os homens, não temos nos convertido em algozes impiedosos dos animais, ao invés de seus protetores fiéis? (LEMOS NETTO, 2007, p. 262)*

A indagação do Chico nos faz pensar no quanto precisamos nos modificar para cumprirmos com a nossa tarefa, não apenas em relação aos animais, mas ao planeta em que habitamos.

Ao olharmos a abóbada celeste e vislumbrarmos os mundos desconhecidos que se perdem no infinito, podemos acalentar no imo de nosso ser o desejo de, um dia, sermos transferidos de morada.

Faremos jus a outros planetas se não dedicarmos nossas forças e energias ao equilíbrio da vida, através do respeito a cada um dos que compartilham conosco a jornada da evolução na Terra?

Epílogo

Atualmente, nossa casa revive a alegria de possuir um cão.

Para nós, não é um cão qualquer... é a nossa Duda!

Cada vez que olho para ela (depois de ter sentido a dor de sua ausência), agradeço a Jesus. Sinto-me como se presenciasse o milagre da vida, testemunhasse a beleza de uma religião que nos desvenda os misteriosos caminhos de Deus.

Neste momento, enquanto encerro estas recordações, ela está no colo de André, a quem tanto buscou em outra vida. Sim, agora ela faz parte da família integralmente; não são poucas as vezes em que ele lhe prepara a comida, compra-lhe brinquedos e se preocupa com o seu bem-estar.

Ela, por sua vez, não esconde a alegria e, como se tivesse consciência de sua conquista, é a ele que busca primeiro quando chegamos diariamente.

É impressionante como em tão pouco tempo vemos a influência de um animal aproximando espíritos de Deus. Esses companheirinhos que Jesus coloca em nossa existência podem mudar vidas! Possibilitam o despertar dos espíritos para a integração com a Criação divina e o sentimento de que somos regidos por uma diretriz maior, que conduz todas as criaturas em sua sabedoria, rumo à perfeição.

A perda de Duda foi uma experiência difícil para minha família, visto que nossas conquistas espirituais ainda são incipientes, mas sabemos que as lições da vida nos moldarão para aquilo que deveremos ser um dia.

Essa cachorrinha nos trouxe muitos ensinamentos e, felizmente, continua nos enriquecendo e compartilhando experiências que nos tornam mais felizes e mais humanos.

A vida é eterna... para todos!

Referências

ASSOCIAÇÃO BRASILEIRA DE NORMAS TÉCNICAS. *NBR 6023*: Informação e documentação. Referências. Elaboração. Rio de Janeiro: ABNT, 2002.

ASSOCIAÇÃO BRASILEIRA DE NORMAS TÉCNICAS. *NBR 10520*: Informação e documentação - Citações em documentos - Apresentação. Rio de Janeiro: ABNT, 2002.

ASSOCIAÇÃO BRASILEIRA DE NORMAS TÉCNICAS. *NBR 14724*: Informação e documentação: Trabalhos acadêmicos - Apresentação. Rio de Janeiro: ABNT, 2005.

ABDALA, Dirceu. *O apóstolo de Sacramento*: tombamento religioso, histórico, cultural e patrimonial de Eurípedes Barsanulfo. Goiatuba, GO: [s.n.], 2008.

AGÊNCIA de Notícias de Direitos Animais. *Cão herói tenta salvar outro cão atropelado*. Disponível em: <http://www.anda.jor.br/?p=25>. Acesso em: 25 out. 2009.

ASSOCIAÇÃO para o Estudo e Protecção do Gado Asinino. *Terapias com animais*. Disponível em: <http://www.aepga.pt/portal/PT/211/default.aspx>. Acesso em: 30 out. 2009.

BACCELLI, Carlos. Conversando com Chico Xavier: autismo. *Revista Cristã de Espiritismo*. Disponível em: <http://www.rcespiritismo.com.br/index.php?option=com_content&task=view&id=256&Itemid=25>. Acesso em: 16 dez. 2009.

BENEDETTI, Marcel. *Todos os animais merecem o céu*. 4. ed. São Paulo: Mundo Maior, 2004.

BOZZANO, Ernesto. *A alma nos animais*: a ligação especial entre o homem e o animal. São Paulo: Golden Books, 2007.

COREN, Stanley. *A inteligência dos cães*. Rio de Janeiro: Ediouro, 1996.

DELANNE, Gabriel. *A evolução anímica*: estudos sobre psicologia fisiológica segundo o espiritismo. 6. ed. Rio de Janeiro: FEB, 1989.

DENIS, Léon. *O problema do ser, do destino e da dor: os testemunhos, os fatos, as leis*. 13. ed. Rio de Janeiro: FEB, 1985.

EMMANUEL (*Espírito*). *Emmanuel*: dissertações mediúnicas. Psicografia de Francisco Cândido Xavier. Rio de Janeiro: FEB, 1938.

EMMANUEL (*Espírito*). Animais em sofrimento. In: *Aulas da vida*. Psicografia de Francisco Cândido Xavier. Brasília: FEB, 1981.

EQUOTERAPIA: os efeitos da terapia com cavalos. Disponível em: <http://www.indianopolis.com.br/si/site/1109>. Acesso em: 15 maio 2009.

FLAMMARION, Camille. *A morte e seu mistério*. 3. ed. Rio de Janeiro: FEB, 1982. v. 3.

_____. *Deus na natureza*. 6. ed. Rio de Janeiro: FEB, 1990.

GALVES, Nena. *Até sempre Chico Xavier*. São Paulo: CEU, 2008.

KAMINSKI, Juliane; CALL, Josep; FISCHER, Julia. Word Learning in a Domestic Dog: Evidence for "Fast Mapping". *Science*, Nova York, v. 304, pp. 1682-3, 11 jun. 2004.

KARDEC, Allan. *A gênese*: os milagres e as predições segundo o espiritismo. 35. ed. Rio de Janeiro: FEB, 1992.

_____. *O evangelho segundo o espiritismo*. 121. ed. Rio de Janeiro: FEB, 2003.

_____. *O livro dos espíritos:* princípios da doutrina espírita. 87. ed. Rio de Janeiro: FEB, 2006.

LEMOS NETTO, Geraldo (Org.). *Chico Xavier*: mandato de amor. 5. ed. Belo Horizonte: UEM, 2007.

LUIZ, André (*Espírito*). *No mundo maior*. Francisco Cândido Xavier; ditado pelo espírito André Luiz. 12. ed. Rio de Janeiro: FEB, 1984. v. 5.

_____. *Missionários da luz*. Francisco Cândido Xavier; ditado pelo espírito André Luiz. 18. ed. Rio de Janeiro: FEB, 1985a. v. 3.

_____. *Evolução em dois mundos*. Francisco Cândido Xavier; Waldo Vieira; ditado pelo espírito André Luiz. 8. ed. Rio de Janeiro: FEB, 1985b. v. 11.

_____. *Conduta espírita*. Francisco Cândido Xavier; ditado pelo espírito André Luiz. 21. ed. Brasília: FEB, 1988.

NOBRE, Marlene Rossi Severino. *Lições de sabedoria:* Chico Xavier nos 22 anos da Folha Espírita. São Paulo: FE, 1996.

PARISI, Sílvia. *Linfoma (ou linfossarcoma)*. Webanimal. Disponível em: http://www.webanimal.com.br/cao/index2.asp?menu=linfoma.htm. Acesso em: 1 set. 2010.

PRADA, Irvênia. *A questão espiritual dos animais*. 8. ed. São Paulo: FE, 2007.

SILVEIRA, Adelino da. *Momentos com Chico Xavier*. Mirassol (SP): Grupo Espírita da Paz, 1999.

VIEIRA, Urbano Teodoro; ABDALA, Dirceu. *Chico Xavier: fonte de luz e bênçãos*. 2. ed. Araguari, (MG): [s.n.] 2000.

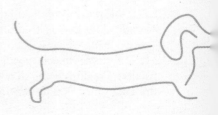

Leituras envolventes de **Tanya Oliveira**

LONGE DOS CORAÇÕES FERIDOS

Em 1948, dois militares americanos da Força Aérea vão viver emoções conflitantes entre o amor e a guerra ao lado da jornalista Laurie Stevenson.

O DESPERTAR DAS ILUSÕES

A Revolução Francesa batia às portas do Palácio de Versalhes. Mas dois corações apaixonados queriam viver um grande amor.

A SOMBRA DE UMA PAIXÃO

Um casamento pode ser feliz e durar muitos anos Mas um amor de outra encarnação veio atrapalhar a felicidade de Theo e Vivian.

DAS LEGIÕES AO CALVÁRIO

O espírito Tarquinius nos relata fatos ocorridos em uma época de grande conturbação no Império Romano. Vinicius Priscus, orgulhoso legionário romano, retorna a Roma com a intenção de desencadear violenta perseguição aos cristãos. Para tanto, procura realizar algumas alianças, como com Ischmé uma bela, ambiciosa e influente cortesã em Roma e Caius Pompilius, seu melhor amigo.

DUDA – A REENCARNAÇÃO DE UMA CACHORRINHA

Uma ligação tão forte que nem a morte foi capaz de separar. Uma história de afeto e dedicação a uma amiga inseparável: Duda, que assim como nós, também reencarnou para viver novas experiências na Terra

Av. Porto Ferreira, 1031 | Parque Iracema
CEP 15809-020 | Catanduva-SP
17 3531.4444

www.lumeneditorial.com.br | atendimento@lumeneditorial.com.br
www.boanova.net | boanova@boanova.net